시 쓰기
안내서

A POETRY HANDBOOK

Copyright ⓒ 1994 by Mary Oliver
All rights reserved.
Korean translation copyright ⓒ 2025 by Maumsanchaek
Published by arrangement with Ecco, an imprint of HarperCollins Publishers
through EYA Co.,Ltd.

이 책의 한국어판 저작권은 EYA Co.,Ltd를 통해
Ecco, an imprint of HarperCollins Publishers사와
독점 계약한 마음산책에 있습니다.
저작권법에 의하여 한국 내에서 보호를 받는 저작물이므로
무단 전재 및 복제를 금합니다.

시 쓰기 안내서

메리 올리버
민승남 옮김

마음산책

메리 올리버 Mary Oliver	시인. 1935년 미국 오하이오에서 태어났다. 열네 살 때 시를 쓰기 시작해 1963년에 첫 시집 『여행하지 않고 No Voyage and Other Poems』를 발표했다. 1984년 『미국의 원시 American Primitive』로 퓰리처상을, 1992년 시선집 『기러기』로 전미도서상을 받았다. 서른 권이 넘는 시집과 산문집을 낸 메리 올리버는 예술가들의 고장 프로빈스타운에서 날마다 숲과 바닷가를 거닐며, 세상의 아름다움을 찬양하는 시를 쓰면서 소박한 삶을 살았다. 2015년 플로리다로 거처를 옮긴 그는 2019년 1월 17일, 여든세 살을 일기로 잡초 우거진 모래언덕으로 돌아갔다.
민승남 옮김	서울대학교 영어영문학과를 졸업하고 전문 번역가로 활동 중이다. 메리 올리버의 시선집 『기러기』, 시집 『천 개의 아침』 『서쪽 바람』 『세상을 받아들이는 방식』, 산문집 『완벽한 날들』 『휘파람 부는 사람』 『긴 호흡』을 옮겼다. 제15회 유영번역상을 수상했다

시 쓰기 안내서

1판 1쇄 인쇄	2025년 8월 20일
1판 1쇄 발행	2025년 8월 25일
지은이	메리 올리버
옮긴이	민승남
펴낸이	정은숙
펴낸곳	마음산책
담당편집	이하나
담당 디자인	오세라
담당 마케팅	권혁준·이예준
경영지원	박지혜
등록	2000년 7월 28일(제2000-000237호)
주소	(우 04043) 서울시 마포구 잔다리로3안길 20
전화	대표 362-1452 편집 362-1451 팩스 362-1455
홈페이지	www.maumsan.com
블로그	blog.naver.com/maumsanchaek
트위터	twitter.com/maumsanchaek
페이스북	facebook.com/maumsan
인스타그램	instagram.com/maumsanchaek
전자우편	maum@maumsan.com
ISBN	978-89-6090-943-4 03840

* 책값은 뒤표지에 있습니다.

언제나 그랬듯이 한결같은 지지와 현명한 조언으로
나에게 힘을 주고 더 나은 작품을 쓸 수 있도록 해준
몰리 멀론 쿡에게 고마움을 전한다.

차례

시작하는 말　9

준비　17

시 읽기　21

모방　24

소리　31

소리의 또 다른 장치들　43

행　52

몇 가지 주어진 형식　82

자유로운 시 96

어법, 어조, 목소리 107

이미지 129

고쳐쓰기 158

창작 교실과 고독 161

맺는 말 169

옮긴이의 말 174

작가 연보 177

메리 올리버를 향한 찬사 181

시작하는 말

　시인은 학교에서 길러내는 것이 아니라 타고나는 존재임을 누구나 알고 있다. 화가나 조각가, 음악가도 매한가지다. 본질적인 것들은 가르칠 수 없고 그저 주어지거나 스스로 얻는다. 다음 사람을 위해 분해하여 새로 조립할 수 없는 신비한 방식으로 형성된다.
　그럼에도 화가나 조각가, 음악가는 자기 분야의 현대적 이론과 기법 들은 물론 과거 역사와도 활발히 접해야 한다. 시인도 그렇다. 가르칠 수 없는 것이라 해도 배울 수 있고 배워야만 하는 건 아주 많다.
　이 책에는 그런 배울 수 있는 것들이 담겨 있다. 주로 시의 기교에 관한 내용이다. 시는 기록된 문서인 동시에 신비한 문서이기도 한데 여기서는 그 두 가지 상이한 특성 중 기록된 문서로서의 시에 대해 다룬다.
　나는 시 교육이 음악이나 시각예술 분야의 재능 개발을 위한 학습과 다른 길을 걸어왔다는 점을 늘 기이하게 여겨왔다. 음악이나 시각예술 분야에서는 단계적 학습 과정이 일반화되어 있으며 꼭 필요한 것으로 받아들여진다. 예를 들어, 미술 수

업에서는 모든 학생이 살아 있는 모델이나 꽃병, 감자 세 알 같은 걸 그리라는 지시를 받는다. 그다음에 선생이 학생들의 그림을 살펴보고 다양한 시도에 대해 이야기한다. 교실 안의 모두가 그 과정을 진정한 창작 행위의 완성이 아니라 반드시 그에 선행되어야 할 것, 즉 연습이라고 인식한다.

이런 연습이 창의력을 억누를까 걱정하는 사람이 있을까? 전혀 없다. 오히려 선생과 학생 사이의 대화가 기법과 관련된 여러 질문에 답을 주고 창작 과정의 문들을 열어줄 수 있는 지식(즉, 힘)을 준다는 확신이 존재한다. 결국 기교는 개인의 아이디어를 익숙한 영역의 경계 저 끝에 도달하도록 돕는다.

하지만 시를 쓰고 싶어 하는 학생은 보통 스스로 써보라는 따뜻한 격려를 받고, 시를 써내면 같은 방식으로 또 쓰라는 격려가 이어진다. 그러다 보면 학생은 곧장 한 가지 '시 쓰기 방식'에 빠져들게 되는데 이는 자신도 잘 느끼거나 이해하지 못한, 심지어 의도하지도 않은 방식으로 하나의 스타일이 아닌 우연에 가깝다. 이런 식으로 계속하다 보면 다른 방식들을 탐색하거나 시도조차 하지 않게 된다. 시를 네다섯 편만 써도 이미 틀이 생기면서 다른 스타일이나 기법을 연구하고 시도할 체계적 기회를 갖지 못한 채 자신의 작법을 개발하게 된다. 그리하여 머지않아 어조의 변화나 복잡하고 정밀한 구성이 요구되는 시점이 오면 앞으로 나아갈 방법을 몰라서 시는 실패하고 시인은 좌절하고 만다.

우리는 가끔 곡의 아이디어가 떠오르거나 그것을 마음속에서 듣곤 하는데, 기보법이라는 특별하고 전문적인 지식이 없는 대부분의 사람이라면 악보로 옮기기란 얼마나 어려운지 깨닫게 된다. 그런데 어째서 시의 경우엔 다를 거라고 기대하는가? 시를 쓰는 일 역시 전문화된, 특별한 작업이다.

물론 시는 반드시 감정의 자유 속에서 써야 한다. 더욱이 시는 언어가 아니라 언어의 내용이다. 하지만 그 내용이 시의 살아 숨 쉬는 유연한 몸체와 분리될 수 있을까? 일반적인 글쓰기의 일상성과 분리되어 언어의 감미롭고 정확한 형식 없이 만들어진 시는 불운을 피할 수 없다. 그런 시는 날지 못한다. 그건 아마추어의 작품으로, 소란스럽고 조잡할 것이다.

그런 이유로 나는 시 창작 수업에서 일정 기간 동안 학생들이 시를 쓰는 책임에서 벗어나 기교를 다루는 연습에 매진하도록 주문한다. 모든 수업이 다르기 때문에 과제도 달라진다. 이 생각에 동의하는 선생이라면 누구나 적절하고 유익한 연습 방법을 생각해낼 수 있다. 학생들 또한 마찬가지다.

창작 교실의 모든 구성원이 동일한 기법을 다루면서 똑같이 지정된 주제에 집중하는 연습은 참여자들의 집중력과 상호작용을 높이는 데 커다란 도움이 된다. 모두가 다른 학생들의 글에 금세 관심을 갖고 거기서 배움을 얻는다.

물론, 시인은 기교에 대한 식을 줄 모르는 관심을 지닌다. 이 책은 그저 시작에 지나지 않지만 좋은 시작이 되기를 바란다. 많은 선생이 그 이유가 무엇이든, 학생의 시에 대해 '전문적인' 비평(즉, 의견)을 제공하는 게 자신들의 역할이라고 생각한다. 나는 그 생각에 유쾌한 반기를 들면서 이 책을 썼다. 이 책은 학생에게 다양한 기법—즉, 선택지—을 제공하고자 하는 노력을 담고 있다. 시에 처음 발을 들여 하나의 체험(혹은 아이디어나 감정)과 그걸 가능한 한 최선의 단어들의 결합으로 표현하고 싶은 충동이라는 경이롭고 복잡한 두 경계 사이에 서 있는 새내기 시인에게 힘을 북돋워주기 위한 것이다.

세상의 수많은 그림 중 단 몇 점의 눈부신 작품만으로도 방을 환하게 밝힐 수 있듯이, 이 책도 몇 편의 경이로운 시로 밝혀지길 바란다. 하지만 이건 하나의 작은 몸짓에 불과하다. 나는 여기 소개하고 싶은 시들의 절반도 담을 수 없었다. 예산도 부족했고, 종이도 모자랐다! 이 안내서를 이용하는 사람은 누구든지 명시 선집들을 열심히 반복적으로 읽기를 권유한다. 시인들의 개별 시집을 읽는다면 더욱 좋을 것이다.

『시 쓰기 안내서』는 그 누구보다도 시 쓰는 사람들을 염두에 두고 집필한 책이며 그들의 필요와 고민, 성장이 가장 직접적인 관심사였다. 하지만 시를 읽는 사람들도 이 책에서 환영받는 기분을 느끼고 시라는 사려 깊은 장치에 대한 통찰뿐 아니라 시의 역사에 대한 유익한 생각을 얻기 바란다. 더 나아가 시 한 편을 짓는 데 얼마나 오랜 기간과 엄청난 노력이 요구되는지에 대해 이해하는 기회가 되었으면 좋겠다. 마지막 세 장은 특히 시 쓰는 사람들에게 중요한 내용이지만, 이 장들에서도 시 읽는 이들을 따뜻하게 환영하고 싶다.

이 책에서 나는 하나의 대상에 다음과 같은 서로 다른 표현들을 적용하였다: 학생, 새내기 시인, 시인.

사원의 종 멈췄으나—
종소리 쉼 없이
꽃에서 흘러나오네.

―바쇼(1644~1694)

일러두기

1 이 책은 『A Poetry Handbook』(Harcourt Brace, 1994)을 우리말로 옮겼다.
2 외국 인명과 지명, 작품명 및 독음은 외래어표기법을 따르되, 관용적인 표기와 동떨어진 경우 절충하여 실용적 표기를 따랐다.
3 국내에 소개된 작품 일부는 번역된 제목을 따랐고, 필요한 경우 새로 옮겼다. 국내에 소개되지 않은 작품은 우리말로 번역하거나, 원어 제목을 독음대로 적었다.
4 각주는 저자가 쓴 것이고, 옮긴이 주는 글줄 상단에 맞추어 표기했다. 원서에서 기울여 강조한 부분은 굵은 고딕체로 표시했다.
5 책 제목은 『 』, 편명은 「 」, 신문·잡지 등의 매체명은 〈 〉로 묶었다.

준비

만일 로미오와 줄리엣이 위태롭고 달콤한 비밀 연애를 하면서 달빛 비치는 과수원을 밀회 장소로 정했는데 둘 중 하나가 늦거나, 겁에 질리거나, 다른 일로 바빠서 만남이 자주 이루어지지 못했다면 우리가 기억하고 찬양하는 로맨스도, 열정도, 드라마도 없었을 것이다. 시를 쓰는 일도 그와 크게 다르지 않다. 시를 쓰는 건 마음(감정을 만들어내는 용감하지만 수줍은 공장)과 의식적인 정신의 학습된 기술 사이에서 이루어지는 일종의 사랑 이야기다. 두 존재가 약속을 잡고 그 약속을 지킬 때 무언가가 시작된다. 하지만 둘이 건성으로 약속하고 그 약속을 자주 어긴다면, 장담컨대, 아무 일도 일어나지 않는다.

우리의 마음속에서 의식과 협력하여 시의 필수 요소—말하자면, 별의 모양이 아닌 별의 열기—를 공급하는 부위는 미지의 영역에 자리한다. 이 부위는 무의식도 아니고 잠재의식도 아니며 '조심스러운' 성격을 지닌다. 그리하여 구애가 어떤 식으로 이루어질지를 빠르게 감지한다. 가령, 당신이 매일 저녁 7시부터 9시까지 책상에 앉아 있겠다고 약속하면, 이 부위는 조심스럽게 기다리며 지켜본다. 당신이 약속을 지키면 이 부위도 그 시간에 맞추어 도착한다. 하지만 당신이 가끔만 약속을 지키거나 자주 늦거나 집중하지 않으면 잠깐 스치듯 나타나거나 아예 오지 않는다.

왜 그럴까? 이 부위는 기다릴 수 있다. 평생 침묵할 수도 있다. 우리 안의 야성적이고 비단결 같은 이 부분, 시에 생명을 부여하는 이 부위가 정확히 무엇인지 그 누가 알 수 있겠는가? 다만 한 가지는 확실하다. 이 부위가 열정적인 관계에 뛰어들어 마음의 말을 시작하려 한다면 당신 안의 책임감과 목적의식을 담당하는 다른 부분은 로미오가 되어야 한다. 위험이 가까이에 도사리고 있다고 해도 상관없다. 위험은 항상 어딘가에 존재한다. 하지만 이 부위는 당신이 완전한 진지함을 보이지 않는 일에는 결코 관여하지 않는다.

장차 시인이 되고자 하는 사람은 이런 사실을 반드시, 그리고 가장 우선적으로 이해해야 한다. 그것이 모든 것에, 심지어 기법에도 우선한다.

여러 야망―시를 완성하거나, 지면에 싣거나, 자신의 시에 대해 누군가의 논평을 듣는 만족감을 즐기거나 하는―이 작품 활동에 어느 정도 동기를 부여하는 건 사실이다. 하지만 나름의 타당성을 지닌 그런 야망들은 시인이 다른 야망을 이루는 데 걸림돌이 되기도 한다. 독자에게 영원히 잊지 못할 감동을 선사하는 몇 줄의 글을 써낼 수 있었던 키츠나 예이츠, 윌리엄스 같은 시인들처럼 위대한 작품을 내놓겠다는 야망 말이다. 모름지기 시인의 야망은 그런 위대한 시를 쓰는 것이어야 한다. 그 외의 것은 농탕질에 지나지 않는다.

지금처럼 누구나 공개적으로 빠르게 시인이 되고 쉽게 목표를 이룰 기회가 많은 시대는 일찍이 없었다. 시를 실을 수 있는 잡지가 도처에 널려 있고, 시 창작 교실도 문자 그대로 수백 곳은 된다. 시에 대해 말하고 시 쓰기를 좋아하는 사람들과 함께 할 수 있는 자리도 전에 없이 넘쳐난다.

이런 것들이 나쁘다는 말은 아니다. 하지만 이런 것들로는 기억에 남을 시를 쓰는, 그 상상도 못 할 만큼 어려운 진짜 목표를 이루는 길에 겨우 발을 들여놓는 정도의 도움밖에 얻을 수 없다. 그 일은 느리게, 그리고 고독 속에서 이루어지며, 체로 물을 옮기는 것만큼이나 불가능에 가깝다.

마지막으로 한 가지 덧붙이고 싶다. 시는 강물이며, 수많은 목소리가 그 강물을 따라 흘러간다. 한 편 한 편의 시가 물결의 신명 나는 일렁임을 타고 움직인다. 어떤 시도 영원하지 않다. 모든 시는 역사적 맥락 속에 도착하고, 종내는 거의 다 사라진다. 하지만 시를 쓰고자 하는 갈망, 그리고 기꺼이 시를 받아들이는—아니, 시를 필요로 하는—세상, 이 두 가지는 결코 사라지지 않는다.

만약 이 초록빛 유한한 세상에서 높이 날아오를 수 있게 해 주는 것이—문고리를 들어 올려 위대한 천국을 엿볼 수 있게 해주는 것이—자신의 작품만이 아니라 '모든' 시라면, 그 사람은 시적 감수성을 지녔다고 볼 수 있다. 시적 감수성은 시인이라는 사실과 무관한 감사, 자아의 경계를 넘어선 열정과 갈망을 일컫는 말이다.

시 읽기

나의 시 창작 교실에서 학생들에게 스스로 과제를 정할 수 있는 선택권을 준다면, 대다수의 학생이 다른 시인의 시를 읽기보다는 자신의 시를 쓰는 데 거의 모든 시간을 할애할 것이다. 그들을 탓할 수도 없는 노릇이다. 시인이 너무 많으니까!

하지만 잘 쓰기 위해서는 폭넓고 깊이 있는 독서가 절대적으로 필요하다. 좋은 시는 최고의 스승이다. 어쩌면 유일한 스승일지도 모른다. 만일 시 읽기와 시 창작 교실 참여 중 하나를 선택해야 한다면 나는 읽는 쪽을 택하라고 말할 것이다.

물론 시집을 읽으며 자신의 스승이나 멘토를 찾아내는 일에는 상당한 시간이 소요된다. 서점이나 도서관에 가서 수백 권의 시집을 뒤적이기 시작할 때 기억해둘 것이 두 가지 있다.

시의 세계에서 몇 세기의 시간은 별로 중요하지 않다. 고대 라틴어 시인들, 빅토리아시대 시인들, 블랙마운틴 시인들Black Mountain poets, 미국 노스캐롤라이나주 블랙마운틴대학에 기반을 둔 20세기 중반의 아방가르드, 혹은 포스트모던 시인들—이들 모두가 불변의 영향력을 지닌 시들을 남겼다. 마음을 뒤흔드는 주제는 그리 많지 않으며 본질적으로 변하지도 않는다. 스타일은 변하고,

역사적 배경도 변하지만, 그런 것들은 어디까지나 주변적인 문제다.

좋은 시와 시인을 찾을 때는 스타일이나 시대, 나라와 문화의 경계에 갇히지 말아야 한다. 시인들은 서로를 알아볼 수 있는 단일 부족이라고, 자신은 그 부족의 일원이라고 생각하자. 다른 시대와 다른 문화의 시도 이해할 수 있으리라 기대해야 한다. 먼 목소리와 친밀감을 느낄 수 있으리라 기대해야 한다. 우리가 발견하게 될 **그때**와 **지금**의 차이는 흥미로울 것이다. 하지만 본질적인 차이는 존재하지 않는다.

오늘날에는 그 누구도 따라잡을 수 없을 만큼 많은 시가 쓰이고 출간되고 있다는 사실도 기억해야 한다. 최신 작품을 모두 파악해야 한다고 생각하는 학생들은 과거의 목소리들과 친해질 시간을 가질 수 없다. 그러니 내 말을 믿고 그런 시도는 아예 하지 않는 편이 좋다. 적어도 크리스토퍼 스마트, 이백, 마차도 같은 시인들을 만날 시간을 포기해선 안 된다.

물론 어떤 사람은 **현대** 시인이 되고 싶다며, 오래된 것은 구식이고 시대에 뒤떨어졌으므로 옛것의 영향을 과도하게 받고 싶지 않다고 주장할 수도 있다. 그런 사람은 오로지 현대적인 것에 둘러싸여 있어야 한다고 생각할지 모른다. 하지만 그것은 잘못된 생각이다. 진정으로 현대적인 창조력은 과거로부터 싹트며, 다만 거기에 차이가 덧붙여질 뿐이다.

자칭 현대적인 작품들 대부분은, 스스로 인식하든 그렇지 못하든, 결국 **독자에게 사랑받고 싶은** 욕망에서 비롯한다. 그것들은 이미 존재하고, 인정받은 작품들을 모방하여 만들어진다. 다시 말해, 그런 작품들에는 새로운 것이 없다. 진정 현대적인 것은 마치 화산의 불덩어리처럼 과거라는 산더미를 뚫고 솟아오른다. 그렇게 깊고 지성적으로 생성된 열기만이 세상에 새로운 아이디어를 전할 수 있다.

모방

　　모방이 허용되지 않았다면 우리는 이 세상에서 거의 아무것도 배우지 못했을 것이다. 어떤 기술의 기반을 단단히 다지고 그 기반 위에서 작지만 경이로운 차이점(우리를 다른 누구도 아닌 **자신**으로 만들어주는)이 드러날 수 있을 때까지 모방을 반복하는 것 말이다. 모든 아이에겐 모방이 장려된다. 하지만 글쓰기의 세계에서는 모두들 독창성을 추구하고 칭송하는 반면 모방은 죄악 중의 죄악으로 간주한다.

　너무도 안타까운 일이다. 나는 만일 글쓰기의 세계에서도 모방이 장려된다면 지금 부분적으로 두서없이 배우는 것들을 훨씬 더 잘 배울 수 있으리라 생각한다. 우리는 시인이 되기 전에 연습을 해야 하고, 모방은 진짜 시를 탐구하는 아주 훌륭한 방법이다.

　모방을 통해 우리가 얻는 이익은 많고, 위험은 적다. 특정 스타일을 모방하면서 너무 오랫동안 열렬히 추구하다 보면 그 스타일에서 벗어나기 어려울 수 있다. 하지만 다양한 스타일이나 목소리를 오가며 시를 쓰면 그럴 위험이 줄어든다.

　우리가 무언가에 숙달되면 사람들은 그것이 우리의 '제2의

천성'이 되었다고 말한다. 샐리 이모가 바늘에 실을 꿰는 방식부터 엘머 삼촌이 투표하는 방식에 이르기까지, 우리 안에는 수많은 제2의 천성이 자리하고 있다. 결국 우리는 무언가를 **단순히** 흉내 내는 단계에 머물지 않고 단순한 배움에서 한 걸음 더 나아가 자신의 것으로 만들기 위해 상상력—하나의 힘, 새로운 아이디어—이라는 추진력을 발휘해야만 한다. 시인은 오랜 기간의 작업과 사유—특히 다른 스타일에 대한 고민—를 통해 서서히 자신만의 스타일을 개발해간다. 시인이 자신의 스타일을 구사하기 시작하면—즉, 스스로 설정한 목표를 달성하기에 가장 적합한 기술적 장치들이 가동되면—모방과 멀어져 간다.

과거의 시

그러나 과거의 시는 독특한 문제를 안고 있으며 때로는 그 문제를 극복하기가 어려운 것이 사실이다. 그게 무엇인지 짐작하기는 어렵지 않다. 바로 운율이다.

압운rhyme과 상당히 엄격한 운율 패턴을 지닌 시는 오늘날 우리에게 낯설고 심지어 '부자연스럽게'까지 느껴질 수 있지만, 우리 조부모에게는 그리 이상하지 않았다. 그들은 어린 시절 휘티어, 포, 키플링, 롱펠로, 테니슨 같은 시인이나 유아들의 음유시인 마더 구스의 시를 들으며 자랐다. 그들은 어린 시절부터 들어온 시들을 모방하는 문학적 시도로 운과 율이 있는 시를 썼다. 그건, 말하자면 자연스러운 일이었다.

반면 어린 시절에 그런 운과 율을 경험하지 못한 우리 세대는 운율을 마치 외국어처럼 공부해야 한다. 우리는 운율이 자연스럽게 나오지 않는다. 우리 역시 처음 들었던 시들을 모방하여 초기 작품을 쓴다. 대개는 왼쪽 정렬 형태에 이미지 한둘이 담긴 시다. 운율 구조는 갖추지 못했다.

영시의 전통에 친숙해지는 건 절대적인 필수 요건이다―전통이 '케이크 전체'라면, 지난 백여 년 동안 운율 없이 쓰인 시들은 기껏해야 그 위에 입힌 아이싱에 불과하다. 사실 친숙해지는 단계에 머물러선 안 되고 운율시에 몰입하여 능동적인 관계를 맺어야 한다. 시를 **행과 리듬감 있는 에너지와 반복적 소리의 구조**로 느끼는 감성이 없다면, 새로운 것을 창조하고자 꿈꾸는 시인이 될 준비를 마치지 못한 채 영원히 미숙할 수밖에 없다.* 자유시도 결국 운율시에서 진화해 나온 것이다. 둘은 그

---

* 이러한 전통과의 단절은 창작과 관련된 학과들뿐 아니라 영문과에서도 우려할 만한 문제라고 생각한다. 운율이나 시의 구성 기법에 익숙하지 않은 학생들이 과연 시를 제대로 감상할 수 있을까? 시는 언제나 내용과 형식의 결합이며, 이는 명확한 전달을 위한 의도적 설계이다. 그러나 일반적으로 사람들은 이 사실을 제대로 인식하지 못한다.

리 다르지도 않다. 하나는 엄격한 패턴을 따르고, 하나는 그렇지 않을 뿐이다. 하지만 둘 다 행 길이의 선택, 간헐적인 행간 걸침, 강약의 조절 등을 활용한다.

물론 나는 운율시로 돌아가자는 말을 하려는 게 아니다. 현대시가 과거의 시보다 덜 어렵거나 복잡하다는 말도 아니다. 학생들이 운율시를 쓰는 것으로 시작해야 한다는 주장을 하려는 것도 아니다. 물론 그렇게 하면 좋겠지만, 그러다 보면 처음부터 좌절을 맛볼 수 있다. 사람은 어릴 때부터 익숙한 것에 대해서는 강한 친밀감을 갖는 반면 생소한 것에 대해서는 거리감을 느끼게 마련이다. 간혹 운율시에 소질이 있는 운 좋은 학생도 존재하겠지만, 대부분의 학생은 시간과 노력에 비해 보상이 적은 싸움을 벌이게 될 것이다.

전통적으로 영미 문학은 시대순으로—역사적 흐름에 따라—공부하는 것이 관행이다. 연쇄적으로 이어지는 중심 동기와 사상이 순차적으로 탐구되어야 한다는 점에서 연대기적 접근은 의심할 바 없이 최고의 방식이다. 하지만 창작을 공부하는 학생들은 꼭 그렇게 시대순에 얽매일 필요가 없다. 사실 창작 교실에서 운율시를 먼저 제시하면 학생들에게 과도한 부담을 주는 경우가 많아서 오히려 뒤로 미루는 편이 나을 수도 있다. 우선 현대시—그러니까 **친근한** 현대시—를 읽고, 이야기하고, 모방하게 한 다음, 학생들이 자신감을 얻어 야심만만해지고 정교해졌을 때 어려운 운율시로 나아가도록(돌아가도록) 유도하는 것도 바람직한 방법이다.

모든 시는 얼핏 일상언어와 비슷해 보여도 그 안에 본질적인 차이를 담고 있다. 그것을 형식이라 불러도 좋고, 압축성이나 독창성, 상상력이라고 칭해도 무방하다—어쨌든 그것은 시의 필수 요소이며, 학생들에게는 그것만으로도 충분한 생각거리가 된다. 구태여 운율까지 함께 고려하지 않더라도 말이다. 학생이 되도록 빨리 깨달아야 할 점은, 일상언어와 문학 사이의 간극은 그리 깊거나 넓지 않지만 그 둘 사이엔 의도와 강도라는 본질적인 차이가 존재한다는 것이다. 이 핵심적이고 영구적인 차이에 계속 주의를 기울이기 위해서는 구조나 내용에서 길을 잃지 않고 둘 다 조율할 수 있어야 한다. 그리고 언어는 우리가 자연스럽게 아는 언어, 빠르게 살아 움직이는 매체, 생각을 빚어낼 수 있는 점토여야 한다. 본질적으로, 새로운 언어여서는 안 된다.

현재의 시

현대시—즉 '자유로운' 형식으로 쓰인 시—는 운율시처럼 우리에게 거리감을 주지 않는다. 그런 시들은 우리도 써볼 만하다는 생각이 들게 한다. 그 독특하고 유동적인 형식 덕분에 우리는 그 시를 성공적으로 '모방'할 수 있다고 상상하게 된다.

우리가 모르는 규칙이 없으니, 당연히 제대로 활용할 수 없으리라는 두려움도 없다. 언어 자체의 친숙함—우리가 일상에서 쓰는 언어와 크게 다르지 않다는 점—도 자신감을 준다.* 또한 대부분 짧다—시 쓰기란 힘든 일이기는 하나 적어도 빨리 끝낼 수는 있는 것이다!

이러한 자신감은 유익하며, 학생들이 망설이기보다 과감히 뛰어들 수 있도록 이끈다. 좋은 일이다. 우리는 글쓰기에 대해 생각하고 이야기하며 배움을 얻지만, 무엇보다 직접 써보면서 많은 걸 배울 수 있다.

이런 시들을 모방해보는 건, 시들이 사실 그리 비슷하지 않으며 미묘하면서도 강렬하고 몹시 흥미로운 차이점들을 지닌다는 점을 깨닫게 해주는 훌륭한 접근법이다. 학생들에게 존 헤인즈의 절제된 다정함을 모방하게 해보자. 휘트먼의 장대한 운율을 모방하게 해보자—그의 시는 육체적 기쁨과 정신적 호기심을 강하게 휘어잡는 경이로운 힘을 품고 있다. 반짝이는 예리한 눈을 가진 엘리자베스 비숍을 모방하게 해보자. 로버

---

* 물론 모든 현대 시인이 이렇듯 접근하기 쉬운 방식으로 언어를 사용하지는 않는다. 내가 염두에 두고 본보기로 삼고 싶은 시인들은 로버트 프로스트, 리처드 에버하트, 시어도어 로스케, 그웬돌린 브룩스, 로버트 헤이든, 엘리자베스 비숍, 윌리엄 스태퍼드, 제임스 라이트, 존 헤인즈, 드니즈 레버토프, 도널드 홀, 맥신 쿠민, 루실 클리프턴 등이다. 물론 그 외에도 수많은 시인이 있다.

트 헤이든이나 린다 호건의 불같은 분출, 루실 클리프턴의 날카로운 지혜도 모방하게 해보자. 모방하고 또 모방하게 하자—그리하여 배우고 또 배우게 하자.

이 글을 쓰고 있으려니 다시금 시각예술 학생들의 연습이 생각난다. 미술관에서 페르메이르나 반 고흐의 작품을 열심히 베끼며 자신이 귀중한 공부를 하고 있다고 믿는 젊은 화가의 모습을 한 번도 보지 못한 사람이 어디 있으랴?

감정의 자유, 작품의 진정성과 독창성—이것들은 시작이 아니라 마지막에 온다. 인내심 있고 부지런한 사람, 그리고 영감을 받은 사람만이 그 경지에 이를 수 있다.

소리

시를 짓기 위해서는 소리를 만들어야 한다. 무작위적인 소리가 아니라, 선택된 소리 말이다.

우리가 어떤 종류의 소리를 만드는지는 얼마나 중요한 문제일까? 우리는 어떤 소리를 만들지 어떻게 선택하는 걸까?

"Go!"는 "Stop!"과 같은 소리가 아니다. 이 두 단어는 **느낌**도 다르다. "Hurry up!"과 반대말인 "Slow down!"도 소리와 느낌이 다르다. "Hurry up!"은 활동성이 넘치며 힘차게 도약하여 마지막 한 방을 날린다. 반면 "Slow down!"은 혀에서 흐르며, 두 벌의 접시처럼 납작하다. 소리는 다르다. 소리는 중요하다. 윌리엄 칼로스 윌리엄스는 "관념이 아니라 구체적인 사물로 표현하라"고 했다. 이 글의 목적에 맞게 바꾼다면, "사물이 아니라 그것을 나타내는 말의 소리로 표현하라"고 말할 수 있다. "rock"은 "stone"이 아니다.

그런데 왜 "rock"은 "stone"이 아닐까?

딩동, 의성어

'딩동 이론'은 더 이상 진지하게 받아들여지지 않지만 여전히 흥미롭다. 다음은 웹스터 사전*의 정의다.

> 칼 빌헬름 하이제의 이론으로, 막스 뮐러도 이를 지지했으나 이후 철회했다. 이 이론은 언어의 원초적 요소들이 감각적 인상에 의해 유도된 반사적 표현이라고 주장한다. 즉, 각각의 일반 개념이 처음 뇌를 진동시킬 때 창조적 능력이 그것에 음성 표현을 부여했다는 것이다. 이는 종의 추가 종을 울리는 현상과 유사하여 '딩동'이라는 별명이 붙었으며 (…) 멍멍 이론bowwow theory, 푸푸 이론poohpooh theory이라고도 불린다.

이런 이론이 살아남지 못했다니 몹시 실망스럽다! 하지만 우리는 여전히 **의성어**를 갖고 있으며, 소리와 의미가 연결된 의성어에 대해서는 나중에 개별적으로 다시 다룰 것이다. 다만, 의성어는 언어 전체에 걸쳐 광범위하게 적용되지는 않는다.

---

* 『웹스터 신 국제 영어사전Webster's New International Dictionary of the English Language』(재판 대사전, 스프링필드 G. & C. 메리엄 컴퍼니, 1958), 20~21쪽.

알파벳—소리의 계보

그렇다면 다른 방향을 살펴보자. 다음은 1860년에 출간된 문법 교과서*의 내용이다. 이 책은 알파벳—우리의 '원재료'—을 여러 범주로 나눈다.

알파벳의 글자들은 크게 두 종류로 나뉜다: **모음**과 **자음**.
모음은 홀로 발음했을 때 완전한 소리가 난다. 자음은 모음과 결합되어야 비로소 완전한 발음이 가능하다.
모음은 a, e, i, o, u이며, 때때로 w와 y도 포함된다. 그 외의 모든 글자는 자음이다.
(w나 y는 동일 음절 내에서 모음 앞에 올 경우 자음으로 간주되며, wine, twine, whine이 이 경우에 해당된다. 그 외에는 newly, dewy, eyebrow처럼 모음이다.)
자음은 **반모음**semivowels과 **폐쇄음**mutes으로 나뉜다.

---

* 가죽으로 장정된 이 작은 책은 굳드 브라운이 쓴 『브라운의 문법Brown's Grammar』 (개정판, 뉴욕 영문법학회, 1860)이다. 이 책보다 현대적인 문법서를 선택하는 편이 합리적이었을 것이다. 하지만 내가 브라운의 책을 들여다본 날 나는 그리 합리적이지 않았고 즉각적이었다. 집에 있는 책들 제목을 훑어보던 중 우연히 이 책이 눈에 띄었고, 이 글에서 논의하고자 하는 목적에 부합하는 너무나도 풍부하고 자극적인 내용에 이끌려 인용하기로 했다. 나는 언어학 전문가가 아니며, 여기서는 단지 소리에 관한 몇 가지 유용하고 중요한 내용을 짚어보고자 할 뿐이다.

반모음은 모음 없이도 불완전하게 발음할 수 있는 자음으로, 음절 끝에서 그 소리가 늘어질 수 있다. 예: al, an, az의 l, n, z.

반모음에는 f, h, j, l, m, n, r, s, v, w, x, y, z 그리고 연음으로 발음되는 c, g가 포함된다. 하지만 음절 끝의 w나 y는 모음이다. 또한 c, f, g, h, j, s, x의 소리는 **기식음**aspirate, 즉 강한 숨소리로만 늘릴 수 있다.

반모음 중 l, m, n, r은 소리가 부드러워 **유음**liquids이라고 불린다.

또한 v, w, y, z도 기식음보다 유성음에 더 가까운 소리를 낸다.

폐쇄음은 모음 없이 발음할 수 없으며, 음절 끝에서 숨을 갑자기 멈추게 하는 자음이다. 예: ak, ap, at의 k, p, t.

폐쇄음은 총 여덟 개로 b, d, k, p, q, t 그리고 경음 c와 g가 포함된다. 이 중 k, g 그리고 경음 c는 동일한 소리를 낸다. b, d, 경음 g는 다른 폐쇄음보다 덜 갑작스럽게 멈춘다.

이로부터 우리는 알파벳―즉 우리의 작업 재료―이 무작위적인 소리들의 집합이 아니라 소리의 계열을 대표한다는 사실을 이해하기 시작한다. 여기에는 폐쇄음, 유음, 기식음―모음, 반모음, 자음이 있다. 이제 우리는 단어가 단지 의미와 함축만이 아니라 그 소리 자체가 지닌 질감까지 가짐을 알게 되었다.

Rock인가, Stone인가

다음 세 문장은 의미가 같다. 하지만 우리는 이 문장들을 상황에 맞게 골라 쓰며 아무렇게나 사용하진 않는다.

1. Hush!
2. Please be quiet!
3. Shut up!

첫 번째 문장은 방해나 분노의 감정을 전달하지 않고 아이를 조용히 시킬 때 사용할 수 있다. (여기엔 폐쇄음이 없다.)

두 번째 문장은 약간 단호하지만 여전히 예의 바른 어조를 유지하고 있다. 극장에서 낯선 이들에게 조용히 해달라고 부탁할 때 사용할 수 있다. (이 문장에는 p, b, q, t 네 개의 폐쇄음이 있지만 대부분 곧바로 모음[두 번]이나 유음[한 번]이 이어져 '진정' 효과를 낸다.)

세 번째 문장은 가장 흥미롭고 깨달음을 준다. 이 퉁명스러운 말은 바닥난 인내심을, 심지어 분노까지 확실하게 드러낸다. 매우 진지하게 하는 말이다. (여기서 폐쇄음 t와 p는 부드럽게 완화되지 않는다. 모음이 앞에 위치하고, 폐쇄음이 귀에 거슬리는 소리로 단어의 마지막을 장식한다. 두 단어 모두 발음할 때 폐쇄음으로 거칠게 닫히는 느낌을 준다.)

이 한 가지 예가 결정적 증거가 될 수는 없지만 단어의 의미, 함축, 그리고 실제 소리의 상호 관계에 대한 시사점을 던져 준다.

이제 다시 묻자. "rock"과 "stone"의 차이는? 둘 다 모음 o가 있고(rock은 단모음, stone은 장모음), 둘 다 한 음절 단어다. 영어의 음절은 한국어와 달리 글자 수와 무관하게 모음 소리 기준으로 셈한다. 유사점은 여기까지다. stone은 단어 앞부분에 폐쇄음이 있지만 바로 모음이 이어져 부드러워진다. rock은 폐쇄음 k로 끝난다. 이 k는 '숨을 갑자기 멈추게' 만든다. 그 소리 끝자락엔 침묵의 씨앗이 있다. 아주 짧지만 그것은 분명하게 존재하고, 무시할 수 없으며, stone의 끝맺음 '-one'과는 전혀 다른 느낌을 준다. 내 마음의 눈에는 비바람에 동글동글하게 다듬어진 stone과 거칠고 모난 rock이 보인다.

Stopping by Woods on a Snowy Evening

Whose woods these are I think I know.
His house is in the village though;
He will not see me stopping here
To watch his woods fill up with snow.

My little horse must think it queer

To stop without a farmhouse near

Between the woods and frozen lake

The darkest evening of the year.

He gives his harness bells a shake

To ask if there is some mistake.

The only other sound's the sweep

Of easy wind and downy flake.

The woods are lovely, dark and deep.

But I have promises to keep,

And miles to go before I sleep,

And miles to go before I sleep.

눈 오는 저녁 숲가에 멈추어

이 숲 주인이 누군지 알 것 같다.
그 사람의 집은 마을에 있으니
그는 알지 못하리라 내가 여기 멈추어
눈 덮인 그의 숲을 바라보는 것을.

내 작은 말은 이상하게 여기겠지
한 해 중 가장 어두운 저녁에
주변에 농가 하나 없는
숲과 얼어붙은 호수 사이에 멈춘 것을.

말은 방울을 흔들어
혹시 무슨 문제가 있는지 묻는다.
그 소리 말고는
부드러운 바람과 솜털 같은 눈송이 날리는 소리뿐.

숲은 아름답고, 어둡고, 깊다.
그러나 나는 지켜야 할 약속이 있고,
잠들기 전 가야 할 길이 멀다,
잠들기 전 가야 할 길이 멀다.

로버트 프로스트의 시 「눈 오는 저녁 숲가에 멈추어」를 읽으며 이 시에서 벌어지고 있는 상황을 정리해보자—여행 중의 멈춤, 화자의 자기성찰적인 조용한 목소리, 어둡고 고독한 숲, 내리는 눈.

첫 네 행은 w와 th로 가득하고, f와 v가 있다. ll도 세 번 반복해서 등장한다. 모음의 무게감은 이중모음의 사용으로 더욱

증가한다. 폐쇄음으로 끝나는 두 단어(think, up)는 행의 중간에 위치하여 부드러움을 띤다. 다른 모든 폐쇄음도 단어 안에서 부드러워진다. 첫 연은 거의 속삭이듯 조용하고 사색적으로 읽지 않을 수 없다.

두 번째 연의 작은 말에 대해선 여러 가지 이야기를 할 수 있다. 이 말은 화자가 주의를 기울이는 유일한 대상이며, 이 시에 등장하는 유일한 다른 생명체이기도 하다. 그리고 화자가 잠시 발길을 멈춘 그 순간 기꺼이 여정을 이어가려는 존재이기도 하다. 어쨌든, 우리는 화자에게 이끌려 이 작은 말을 바라보게 되고, 그 순간 눈 내리는 소리처럼 조용한 도입부의 속삭임, 내면의 독백은 날카로운 소리의 가벼운 두드림으로 중단된다—망치 소리까지는 아니지만, 그렇게 무겁진 않지만, 분명히 **다른** 소리다. "My little horse must think it queer"는 소란스러운 구절은 아니더라도, 첫 번째 연과는 달리 "think" 다음에 부드러운 소리가 아닌 "it"이라는 짧은 어절이 이어지면서 k 소리가 가볍게 튄다. "queer"는 k의 메아리가 되어 전체적으로 첫 연보다 강한 생동감을 준다. "stop"은 가볍게 두드리는 소리지만 뒤의 구절이 그 소리를 잠재운다. "lake" 다음에는 순간적인 틈, 침묵의 균열이 이어지며 거기서 다른 종류의 전기가 흘러나온다. 그리고 다음 행이 시작되어 형용사 "darkest"에서 k가 반복되며 동요를 일으키는 두드림이 두 번 발생한다.

3연에서는 반전이 일어난다. 이제는 후두폐쇄음들이 소리의 웅덩이에 잠긴 채 조용해지기보다는 부드러운 소리들 사이에서, 혹은 그 이후에 등장하며 존재감을 강하게 드러낸다.

이 시에서 경음 g는 3연 첫 구절 "He **gives** his harness bells a shake…"에 처음 등장한다. g 소리는 곧바로 이어지는 두 단어의 h에 의해 조용해지지만, 자기성찰의 순간은 거의 끝나가고 있으며, 우리의 귀는 "lake"보다 요란하고 강력한 "bells"와 "shake"를 통해 이를 예감한다. 다음 행에서는 의미심장한 단어 "ask"에서 k음이 반복되며(이 시에서 무언가를 "묻는" 존재는 여행자만이 아니다), 이 행과 3연의 나머지 행은 모두 폐쇄음으로 끝난다. 앞선 두 연에서는 이런 경우가 단 한 번뿐인데 반해("lake"로 끝나는 7행), 이 연의 행들은 "shake" "mistake" "sweep" "flake"로 끝나는 것이다.

소리 안에서 무언가가 꿈틀거린다. 꿈틀거림은 우리가 4연의 결의에 대비할 수 있도록 만들어준다. 4연의 "The woods are lovely"는 우리를 다시 첫 번째 연의 분위기로 데려가지만, 그 행의 후반부 "dark and deep"은 두 단어 모두 폐쇄음으로 시작하고 끝난다. 그 단어들은 소리로 스스로를, 아니 그 이상을 나타낸다. 그 단어들은 숲이 어둡고 깊다고 말해줄 뿐 아니라 화자가 정신적으로 또 다른 장소에 도달했음을, 그리하여 전과 다른 방식으로 말할 수 있게 되었음을 보여준다. 목소리를 손짓 삼아 새로운 결단과 의지를 가리키는 것이다.

마지막 연의 두 번째 행은 폐쇄음으로 시작하고 끝나며, 행

중앙의 "promises"라는 단어에는 묵직한 p가 들어 있다. 세 번째와 네 번째 행은 같은 내용의 반복이지만 매우 정교하다. 인간의 힘겹고 유한한 삶을 상징하는 "miles"의 부드러운 소리는 이어지는 무거운 폐쇄음들—"go" "before" "sleep"—위로 가볍게 떠돈다. 그리고 폐쇄음들의 확실하고 단단한 무게감은 마지막 행이 3행의 단순한 반복에 머물지 않도록 돕는다. 모든 시어가 본래의 의미를 초월하며, 그것은 단지 의미의 초월만이 아니라 소리의 초월을 통해 가능해진다. 만약 소리가 잘못되었다면 초월은 일어날 수 없었을 터이다.

나는 프로스트가 책상에 앉아 폐쇄음, 기식음 따위를 일일이 세면서 시를 썼을 거라 말하려는 것이 아니다. 어떤 시인도 그런 식으로 시를 쓰지는 않는다. 내가 말하고자 하는 바는, 시인은 의미뿐 아니라 소리까지 고려하여 단어를 선택한다는 것, 그리고 훌륭한 시인은 **처음부터** 훌륭한 선택을 한다는 사실이다. 물론 그들도 수정은 한다. 그러나 그들은 이미—'자연스럽게'라고 말하고 싶다—지식과 감수성이 샘솟는 가운데 시를 쓰기 때문에 처음부터 종종 기적에 가까운 의미와 소리의 결합을 이루어낸다.

시인들은 어떻게 그런 일을 해낼까? 우리는 사람마다 언어적 재능이 다르다는 것을 알고 있다. 그러나 벽돌공이건 어떤 직업의 종사자건—심지어 뇌 전문 외과의사조차—공부와 경험을 통해 실력을 키워가듯이, 시인들 역시 공부와 '연습'을 통해 더 숙달될 수 있음은 분명한 사실이다.

언어적 기술은 학습될 수 있다. 논의와 연습의 대상이 될 수 있다. 그러다 보면 경이로운 일이 벌어진다. 의식적으로 배운 기술이 마음속 어딘가에 있는 방에 자리를 잡고 장담컨대, 그 기술은 자신이 아는 걸 '기억'하고 있다가 **시를 처음 쓸 때부터 자연스럽게 떠올라 도움이 되어준다.**

프로스트는 「눈 오는 저녁 숲가에 멈추어」를 쓸 때 소리에 대한 메모를 남기지 않았다. 그럴 필요가 없었다. 그는 대가였기 때문이다. 이 시는 인간의 양가적 감정과 결단에 대한 빼어난 진술이다. 천재의 작품이다. 그러나 여러 기술적 장치들이 도움을 주었고, 그 첫 번째가 바로 소리의 탁월한 활용이다.

소리의 또 다른 장치들

페이지 위의 시는 듣는 마음에 말을 건넨다. 여기 오랜 세월에 걸쳐 무수히 검증된 영속적이고 효과적인 몇 가지 장치가 있다. 이 각각의 장치들은 언어를 빛나게 하며 독자의 마음을 사로잡는다.

두운alliteration은 엄밀히 말하면, 단어들의 첫소리가 한 행 또는 여러 행에 걸쳐 반복되는 것이다.

잘 쓰인 두운의 적절함과 과도함 사이 경계는 어디일까? 과도함에 대해서는 걱정하지 말자. 듣기 좋은 울림의 활기가 넘치는 이 기법을 연습하자. 시를 읽을 때 이 기법을 눈여겨보자. 다음은 두운을 활용한 로버트 펜 워런의 맛깔난(과도한 면이 없지 않은) 시구이며 당신도 언젠가는 이런 글을 쓸 수 있을 것이다.

The bear's tongue, pink as a baby's, out-crisps to the curled tip,
It bleeds the black blood of the blueberry.

곰의 혀, 아기처럼 분홍빛, 끝이 동그랗게 말린 날랜 혀,
블루베리의 검은 피 흘리네.

—「오듀본: 하나의 시선 Audubon: A Vision」에서

아니면 로버트 프로스트의 다음 시도 좋다.

I saw you from that very window there,
Making the gravel leap and leap in air,
Leap up, like that, like that, and land so lightly
And roll back down the mound beside the hole.

나는 바로 저 창문에서 당신을 보았지,
자갈이 허공으로 튀고 또 튀어,
위로 그렇게, 그렇게 튀었다가 너무도 가볍게 떨어져
구덩이 옆 둔덕 아래로 굴러갔지.

—「가족 묘지 Home Burial」에서

때때로 두운은 단어의 첫소리뿐 아니라 중간 소리의 반복까지 포함한다("blueberry"처럼). 이는 **자운** consonance이라고 불리기도 한다. 다음은 그 예시다.

The li̲ttle boy l̲ost his shoe in the fiel̲d.
Home he hobbl̲ed, not caring, with a stick whipping gol̲den-rod.

어린 소년이 들판에서 신발을 잃어버렸네.
그래도 태평하게 막대기로 골든로드를 치면서 절뚝거리며 집으로 돌아갔네.

―로버트 펜 워런, 「어린 소년과 잃어버린 신발 Little Boy and Lost Shoe」

모운assonance은 단어 안의 모음 소리가 한 행 또는 여러 행에 걸쳐 반복되는 것이다. 이러한 반복은 근사운near-rhyme의 효과를 낸다.

위에서 두운의 예시로 인용한 로버트 프로스트의 「가족 묘지」 시구 마지막 부분에 모운의 예가 세 번 등장한다(첫 번째는 동그라미로, 두 번째는 밑줄로 표시).

ⓐnd lⓐnd so̲ lightly
Ⓐnd ro̲ll bⓐck down the mound beside the ho̲le.

그리고 "down"의 ow와 "mound"에서 ou의 결합은 이 아주 짧은 구절에서 모운의 세 번째 예가 된다.

모운은 단어 안쪽에 위치하기 때문에 두운보다 눈에 덜 띄지만 그렇다고 해서 그 효과가 미미하거나 덜 중요한 건 아니다. 다음 예는 메이 스웬슨의 시 「윈드워드 제도에서 주워 온 작은 조개껍데기들을 만지며On Handling Some Small Shells from the Windward Islands」의 한 대목이다.

>Their scrape and clink
>together of musical coin.

>Then the tinkling of crickets
>more eerie, more thin.

>Their click as of crystal,
>wood, carapace and bone.

>A tintinnabular* fusion.
>Their friction spinal and chill

---

* 시인이 이 단어를 거부하지 못한 것이 얼마나 기쁜 일인지 모른다. 다음 페이지에 소개하는 에드거 앨런 포의 시에도 이 단어가 등장한다.

조개껍데기들이 긁히고 부딪치며 내는
음악적인 동전 소리.

그다음엔 귀뚜라미 소리 같은
더 으스스하고, 더 가느다란 짤랑거림.

크리스털, 나무, 등껍질, 뼈의 소리 같은
딸깍거림.

딸랑거림의 융합.
등뼈 같고 싸늘한 조개껍데기의 마찰

 이 구절 중 짧은 i 소리의 연속에서, 이중모음 속의 i("their" "coin" "eerie" "fusion")는 엄밀히 말하면 모운에 포함되지 않으며, "spinal"의 긴 i 소리 역시 마찬가지다. 그러나 "crystal"의 y 소리는 포함된다.
 하지만 이중모음 속의 i 소리, 그리고 "spinal"의 갑작스러운 긴 i 소리 역시 이 구절 전체가 지닌 효과의 한몫을 담당한다고 볼 수 있다. 모운에는 이런 형제 소리, 사촌 소리, 육촌 소리가 있다.
 의성어는 단어의 정의를 의미뿐 아니라 소리로도 나타낸다. 다 그렇진 않지만, 자연의 소리인 경우가 많다. 이를테면 벌은

윙윙buzz거리고, 소는 음매moo 울고, 새는 짹짹chirp대고, 천둥은 우르릉rumble거린다.

에드거 앨런 포의 시 「종The Bells」은 아마도 의성어 활용의 가장 유명한 예일 수 있을 것이다. 여기 단 네 행만을 소개한다.

> Keeping time, time, time,
> In a sort of Runic rhyme,
> To the **tintinnabulation** that so musically wells
> From the bells, bells, bells, bells,

> 시간, 시간, 시간 맞추어,
> 룬 문자 같은 운율 이루며,
> 더없이 음악적으로 울리는 **딸랑거림**.
> 종, 종, 종, 종소리,

"tintinnabulation", 풍성한 울림을 품은 이 명사는 그 자체에 종소리를 담고 있다. 하지만 의성어로 가장 많이 활용되는 건 동사들이다. 다음은 로버트 펜 워런의 시에서 가져온 두 예시다.

> We took the big bellied gun that **belched**. We broke it.

> 우리는 배불뚝이 대포를 가져갔고 그것이 **꺼억 트림했지**. 우리

는 그것을 부줬지.

—「네즈 퍼스 족 조셉 추장Chief Joseph of the Nez Perce」에서

오두막 안에서 한 여인과 아들들이 술을 마시며 속삭인다. 오듀본은 잠들지 않고 누워서 그 소리를 들으며 생명의 위협을 느낀다. 두 번.

He hears the **jug slosh**

(…)

He hears the **jug slosh.**

그는 **술 주전자 출렁거리는 소리**를 듣는다.

(…)

그는 **술 주전자 출렁거리는 소리**를 듣는다.

—「오듀본: 하나의 시선」에서

물론 이 각 구절에서는 원하는 효과를 얻기 위해 의성어 외에 다른 기법도 함께 활용된다. 「종」에서는 운율이 종이 울리는 맥동적 분위기를 유지시킨다. 두 번째 예에서는 두운이 효과를 미리 준비한다. 세 번째 예는 행이 짧을 뿐 아니라 변화

나 설명 없이 반복된다는 면에서 오듀본이 얼마나 조심스럽게 귀를 기울여야 했는지, 또 그 치명적 소리가 얼마나 작았는지 암시한다.

에드나 세인트 빈센트 밀레이의 다음 시구, 특히 마지막 행의 모음 배열은 문법적 명칭을 갖고 있지 않다. 하지만 명칭이 있건 없건 소리의 변화나 상호 연관성이 중요한 문제임은 분명하다.

But the music of your talk
Never shall the chemistry
Of the secret earth restore.
All your lovely words are spoken.
Once the ivory box is broken,
Beats the golden bird no more.

그러나 그대의 말이라는 음악은
은밀한 땅속 화학으로도
결코 복원할 수 없으리.
그대의 아름다운 말들은 모두 말해졌네.
상아 상자가 부서지고 나면,
황금 새는 더 이상 노래하지 않으리.

—「D.C.를 추모하며: 애가 5편 Memorial to D.C.: V. Elegy」에서

언어는 풍부하고 유연하다. 언어는 살아 숨 쉬는 재료이며, 시의 모든 요소(내용, 속도, 발음, 리듬, 어조)는 다른 요소와 더불어 작용한다―미끄러지고, 떠다니고, 세게 때리고, 가볍게 두드리는 소리들도 마찬가지다.

행

산문과 시의 첫째가는 분명한 차이점을 들자면, 산문은 여백의 제약을 받는 반면 시는 여백, 특히 오른쪽 여백에 구애될 필요가 없는 행들로 이루어진다는 것이다.

운문verse이라는 단어는 라틴어에서 유래했으며 '바꾸다'라는 의미를 담고 있다. 소네트 같은 정형시를 자주 쓰지 않는 현대 시인들은 어느 지점에서 행갈이가 이루어져 어떤 효과를 발생시키는지에 대해 이해할 필요가 있다. 행갈이가 하나의 논리적인 구 안에서 이루어져 구를 나눌 수도 있고, 문장이나 의미 단위의 끝에서만 이루어질 수도 있다.

행갈이 문제는 모든 시인이 평생 다루는 주제이다. 시인들은 기꺼운 마음으로 행갈이에 임하는데, 그 하나하나가 의미 있는 결정이고 그 영향이 반드시 독자의 마음에 닿기 때문이다. 이는 시인이 운율시를 쓰건 자유시를 쓰건 마찬가지다.

행에 대해, 행이 지닌 힘과 그 구체적 요소들에 대해 이야기하기 위해서는 운율적인 행을 살펴보는 것이 가장 효과적인 방법이 될 수 있으며, 여기서도 그 방법으로 시작해보겠다.

길이와 리듬

다음의 네 가지 사실부터 고려하고(이해하고) 시작하자.

1. 운율시에서는 시의 각 행을 **운보**로 나누고 각 운보는 **강세**(음절의 소리)로 나누어 전체적인 리듬 패턴을 나타낼 수 있다.

2. 행을 운보로, 운보를 각 구성 요소로 나누는 과정을 **운율분석**이라고 한다.

3. **약강격** 또는 **약강운보**는 약한 강세 다음에 강한 강세가 오는 구조다(기호 ˘ ´).

예: Ŭpón

4. 약강격 다섯 개가 연속되면 **약강 5보격**이 된다(˘´˘´˘´˘´˘´).

예: Ŭpón | thŏse boúghs | whĭch sháke | ăgaínst | thĕ cóld, (셰익스피어,「소네트 73」)

약강 5보격 행은 영어 운율시에서 가장 널리 쓰인다.* 이는 소네트의 기본 형식으로 밀턴의 『실낙원』, 셰익스피어의 희곡과 소네트, 워즈워스의 『서곡The Prelude』에도 쓰였다. 미국 시인들, 특히 로버트 프로스트의 시에도 자주 등장한다.

---

* 다른 운율 행이나 운보를 나타내는 기호는 네모 칸에 정리해서 넣었다.

운율 행

(1) 1운보 행은 **1보격**이라고 불린다.

(2) 2운보 행은 **2보격**이라고 불린다.

(3) 3운보 행은 **3보격**이라고 불린다.

(4) 4운보 행은 **4보격**이라고 불린다.

(5) 5운보 행은 **5보격**이라고 불린다.

(6) 6운보 행은 **6보격**이라고 불린다. 완전한 약강격이면 **알렉산더격**이라고 불린다.

(7) 7운보 행은 **7보격**이라고 불린다.

(8) 8운보 행은 **8보격**이라고 불린다.

운보 유형과 기호

(1) 약강격: 약한 강세 다음에 강한 강세가 온다. ˘ ´

(2) 강약격: 강한 강세 다음에 약한 강세가 온다. ´ ˘

(3) 강약약격: 강한 강세 다음에 두 개의 약한 강세가 온다. ´ ˘ ˘

(4) 약약강격: 두 개의 약한 강세 다음에 강한 강세가 온다. ˘ ˘ ´

(5) 강강격: 두 개의 같은 강세로 이루어진다. ― ―

5보격으로 이루어진 친근한 시행을 몇 가지 소개하면 다음과 같다.

Fŏlórn! | the vér|y̆ word | ĭs liké | ă béll

쓸쓸함! 종소리 같은 말

—존 키츠, 「나이팅게일에게 바치는 송가 Ode to a Nightingale」에서

Shăll Í | cŏmpáre | thee tó | ă súm|mĕr's dáy?

그대를 여름날에 비유할까?

—셰익스피어, 「소네트 18」에서

The shát|tĕred wá|tĕr máde | ă mís|tў dín.
Grĕat wavés | looĕked ó|vĕr ó|thĕrs cóm|ĭng Ín,

산산이 부서진 물결이 희부연 소란 일으켰네.
거대한 파도는 밀려드는 다른 파도들을 넘겨다보았네,

—로버트 프로스트, 「어느 날 태평양에서 Once by the Pacific」에서

Bright star! | would I | were stead | fast as | thou art—

빛나는 별이여! 나 그대처럼 확고할 수 있다면—

—존 키츠, 「빛나는 별이여! 나 그대처럼 확고할 수 있다면
Bright Star! Would I Were Steadfast as Thou Art」에서

다음은 약한 강세와 강한 강세가 각각 넷씩 있는 4보격 시행이다.

I wan|dered lone|ly as | a cloud
That floats | on high | o'er vales | and hills,

나 외로이 떠돌았네
계곡과 언덕 위로 높이 흐르는 구름처럼,

—윌리엄 워즈워스, 「나는 구름처럼 외로이 떠돌았네
I Wandered Lonely as a Cloud」에서

Ĭn Xán|adŭ | dĭd Kú|blă Khán
Ă státe|lў pléa|sure-dóme | decrée:

제너두에서 쿠블라 칸은
웅장한 쾌락의 궁전을 지으라 명했네.

　　　　　—새뮤얼 테일러 콜리지, 「쿠블라 칸 Kubla Khan」에서

Whŏse wóods | thĕse áre | Ĭ thínk | Ĭ knów.
Hĭs hóuse | ĭs ín | thĕ víl|lăge though;

　　　　　—로버트 프로스트, 「눈 오는 저녁 숲가에 멈추어」에서

　길이 차이는 한 보에 불과하지만, 5보격과 4보격은 완전히 다르다. 4보격 구절에서는 빠름, 간결함, 심지어 약간의 동요까지 느껴지는데, 이는 다섯 보로 이루어진 행에서는 볼 수 없는 현상이다(5보격은 충만하지만 과하지 않으며, 어느 쪽에서든 압박이 느껴지지 않는다).
　3보격 행은 훨씬 더 강렬한 동요와 기민함을 느끼게 한다.

Thĕ whís|kĕy ón | yŏur bréath

Could make | a smáll | bóy dízzy;
But Í | hŭng on | like death:
Such wal|tzing was | not easy.

당신 숨결의 위스키 냄새는
어린 소년을 어지럽게 만들 정도였어요.
하지만 난 죽음처럼 매달렸죠.
그런 왈츠를 추는 건 쉽지 않았어요.

—시어도어 로스케, 「아버지의 왈츠My Papa's Waltz」에서

5보격의 저편에는 6보격 혹은 알렉산더격이 위치한다(첫 번째 행은 물론 5보격이고, 두 번째 행이 알렉산더격이다).

Ăwake! | ărise! | my love, | and fear|less be,
Fŏr o'er | the south|ern moors | Ĭ have | ă home | fŏr thee.

깨어나요! 일어나요! 내 사랑, 그리고 두려워하지 말아요,
남쪽 황무지 너머에 당신을 위한 집이 있으니.

—존 키츠, 「성 아그네스 축일 전야The Eve of St. Agnes」에서

이러한 행 길이의 선택은 매우 중요하다! 그 선택이 독자에게 미치는 효과는 단순하고, 확실하며, 피할 수 없는 것이다.

5보격 행이 영미 시인들이 주로 쓰는 기본 행이 된 데에는 어떤 신비로운 이유가 있다기보다 단순히 이 행이 영어 사용자의—그러니까 영어로 말할 때의—폐활량에 가장 잘 맞아서 특수한 효과에서 제일 자유로울 수 있기 때문이다.* 5보격 행은 편안하게 들어맞고, 하나의 완전한 구를 이루며, 끝에 숨이 거의 남지 않는다. 따라서 특별한 메시지를 내지 않는다. 그러니까 일종의 표준이라고 할 수 있다.

표준에서 벗어난 것들은 모두 나름의 메시지를 전한다. 육체적, 정신적 긴장을 수반하는 모든 종류의 흥분은 우리의 '숨을 빼앗는다'. 5보격보다 짧은 행은 이러한 상태를 암시한다. 짧은 행은 독자에게 평소보다 더 강한 집중을 요구하며, 이는 예사롭지 않은 상황을 나타낸다. 4보격은 마음의 동요나 불안 혹은 쾌활함을 5보격보다 쉽고 자연스럽게 드러낼 수 있다.

자신감 있고 느긋한 분위기가 지배적일 때, 우리는 세세한 부분까지 파고들어 뉘앙스를 전하고 심지어 일화까지 곁들이

---

* 물론 그렇더라도 곧바로 역사·문화적 영향이 뒤따랐음에 분명하다. 즉, 5보격 행이 확립되고 위대한 작품들에 대거 활용되자 이후에 등장한 시인들은 자연스럽게 그 강력한 형식을 본떠 자신의 시를 쓰려 했을 것이다.

며 길고 폭넓게 표현한다. 예를 들어 낙엽 더미에 성냥으로 불을 붙인 후 한걸음 물러서서 그 후의 상황을 느긋하게 묘사할 수 있다. 그러나 상황이 위급하거나 고통스럽거나 걱정스러울 때는 그런 사소한 데에 신경 쓸 여유가 없다. 만약 모닥불이 걷잡을 수 없이 솟구친다면, 우리는 "불이야!"라고 외마디 소리를 지르며 도망칠 것이다.

5보격보다 긴 행은 인간을 초월한 힘을 암시한다. 길이만으로도―평균적인 폐활량을 넘어서는 지속력을 요하기에―웅장함이나 예언적 느낌을 줄 수 있다. 또한 풍성함, 충만함, 기쁨을 나타낼 수도 있다. 어떤 언어 화물(내용)을 나르든 멈출 수 없는 기계 같은 인상이다.

로빈슨 제퍼스의 긴 행은 대개 예언의 느낌을 담고 있으며, 월트 휘트먼이 쓴 다수의 시도 마찬가지다. 앨런 긴즈버그의 에너지 또한 긴 행의 넉넉한 품에 자연스럽게 안겨 있는 경우가 많다.

운율시에서는 모든 행의 길이(보격)가 같을 수도 있지만, 대다수는 다양한 길이의 행이 혼합되어 전체적으로 복잡한 구조를 갖는다. 에밀리 디킨슨이 주로 사용한 방식(이는 개신교 찬송가의 연 형식이기도 하며, 새뮤얼 테일러 콜리지의 「늙은 어부의 노래 The Rime of Ancient Mariner」를 비롯한 서정시에서도 쉽게 볼 수 있다)은 4보격 행 다음에 3보격 행, 그다음에 다시 4보격 행과 3보격 행을 배치한 연이다. 운보는 이따금 예외도 있지만 대개 약강격이며, 다음의 예시처럼 두 행이 한 문장을 이루는 경우가 빈번하다.

> It was | not Death, | for I | stood up,
> And all | the Dead, | lie down—
> It was | not Night, | for all | the Bells
> Put out | their Tongues, | for Noon.
>
> 그것은 죽음이 아니었네, 왜냐하면 나는 일어섰고,
> 죽은 자들은 모두, 누워 있으니—
> 밤도 아니었네, 왜냐하면 모든 종이
> 정오를 알리려 혀를 내밀었으니.
>
> ─「No. 510」에서

이 네 행만 보아도 디킨슨의 시에서 흔히 접할 수 있는 강렬한 어조를 만들어내는 여러 요소를 발견하게 된다. 첫 행은 긴장감을 주는 4보격으로 시작한다. 다음 행에서는 길이를 한 보 줄이고 짧아진 구간에 첫 행의 시작과 비슷한 구를 넣어 긴장을 고조시킨다. 그리고 다시 유사한 방식으로 두 행을 구성한다—4보격과 3보격으로 또 하나의 문장을 만드는 것이다. 반복은 흔히 쾌락의 장치지만 여기서는 오히려 폐소공포증, 의례적 느낌—공포스러운 형식성을 불러일으킨다. 디킨슨 자신의 표현인 "큰 고통 후에, 형식적인 느낌이 온다"(「No. 341」)가 떠오른다. 물론 단어들의 소리, 행 말미의 유사한 음(down과 noon), 숨 가쁜 줄표 부호도 이 효과를 더욱 강화한다. 즉, 모든 요소가 시의 효과를 위해 작용하고 있으며 그 무엇도 정적이거나 중립적이지 않다.

불변성

독자는 시를 읽기 시작하면 곧바로 그 시의 리듬 패턴에 들어선다. 시의 리듬과 그 리듬 속 즐거움이 독자에게 전달되는 데는 두세 행이면 충분하다. 리듬은 가장 강력한 즐거움 중 하나이며, 우리는 즐거운 리듬을 느낄 때 그것이 지속되기를 바란다. 그리고 실제로 지속된다면 달콤함이 더욱 달콤해진다. 그것이 신뢰할 수 있을 만큼 지속되면, 우리는 일종의 육체적 천국에 들게 된다. 아이들을 위한 동요는 이런 즐거움을 단순하고도 경이로운 방식으로 선사한다.

이러한 지배적 리듬 패턴에 대한 즉각적인 반응은 운율시뿐 아니라 '자유'시에서도 일어난다. 물론 자유로운 형식의 시들에서는 정형시에 비해 수학적으로 측정 가능한 패턴은 덜 나타나지만 말이다.

새내기 시인은 이 리듬 패턴들이 얼마나 강력한 힘을 지니는지 기억해두어야 한다. 리듬은 **모든 것**의 바탕이다. 긴 행으로 이루어진 시에 한 단어만 있는 행을 배치한다면, 시인의 의도와 관계없이 그 단어는 중대한 의미를 띤다. 그 단어에 관심이 집중된다. 갑작스럽고 요란하게 리듬을 끊었으니 대단히 중요한 의미를 지닐 수밖에 없게 되는 것이다.

시인은 필요나 의지에 따라 행의 길이나 정해진 리듬을 바꾸어 독자의 생리적 기분을 변화시킬 수 있다. 하지만 행 길이나 리듬을 멋대로 혹은 아무렇게나 바꾸면 독자를 당혹감에 빠뜨리고 말초적으로 자극하고 만다―그것은 독자의 흥미롭고 즐거운 몰입 상태를 깨는 행위가 될 테니까. 만일 즐거움이 시의 중요한 기능이 아니라면, 어째서 워즈워스가 『서정담시집 Lyrical Ballads』 서문에서 "즐거움pleasure"이라는 단어를 무려 마흔두 번이나 언급했겠는가?

물론 내가 말하는 리듬은 기계적으로 정확히 반복되기만 하는 지나치게 엄격하거나 메트로놈 같은 리듬이 아니다. 우리는 언어가 살아 있는 재료임을 기억해야 한다. 언어는 그림자와 갑작스러운 도약, 끝없는 뉘앙스로 가득 차 있다. 언어로 이루어진 것은 리듬 패턴을 포함하여 그 무엇도 완벽하게 정확하거나 기계적으로 반복될 수 없고 그래서도 안 된다. 만일 그렇다면 우리는 그걸 좋아할 리 없다. 바로 그것이 다음 주제, 즉 시에 필요한 변주에 대해 논의해야 할 이유다.

변주

 좋은 시의 행들은 대개 조금씩 불규칙성을 지닌다. 전체적인 리듬감은 꼭 필요하지만, 약간의 변주가 오히려 그 패턴의 힘을 강화한다. 운율이 단조로운 시는 지루하기 마련이다.* 변주는 작은 차이로 독자의 주의를 환기하며, 마치 군악대의 드럼이 엄격하고 규칙적인 박자를 지키면서도 간간이 대위법적 악센트, 장식, 심지어 침묵까지 구사하는 것과 닮았다. 이러한 생동감은 우리의 관심과 긴장을 유지시킨다. 시 안에서 불규칙성은 변주를 위한 것일 수도 있고 단어 자체의 강세 요구나 정확성, 강조를 위해 불가피하게 발생할 수도 있다.
 게다가 시의 한 행을 읽을 때, 사람마다 읽는 방식에 약간의 차이가 있을 수 있다. 누가 옳고 누가 그르다고 할 수는 없

---

* 하지만 기적 같은 예외가 존재하는 것도 사실이다. 「눈 오는 저녁 숲가에 멈추어」는 총 16행, 64운보가 약강 4보격으로 쓰였다. 이 시에서 변화는 오직 뉘앙스와 억양뿐이다.

으며, 모두가 이성적인 범주 안에서 생긴다. 어쩌면 각자가 개별적인 억양으로 읽음으로써 시와 개인 사이에 유대감이 형성되는지도 모른다. 이는 단순히 옳고 그름만 존재하는 상황보다 훨씬 복잡하고 흥미로운 문제다.

앞에서 약강 5보격의 예시로 든 시의 한 행을 다시 살펴보자.

Forlorn! | the ver|y word | is like | a bell

—존 키츠, 「나이팅게일에게 바치는 송가」에서

이 행은 규칙적인 약강격 패턴에 '정확하게' 일치한다. 하지만 실제로 이 행을 읽는 독자는 강한 강세를 지닌 단어 중에서도 "very" "word" "like"보다는 "forlorn"과 "bell"에 더 강한 강세를 둘 것이다. 상식적인 의미에 기반을 둔 규칙에 따라 같은 강세라 할지라도 경중에 차이를 둘 수 있다.

그러나 이렇듯 경중의 차이를 두는 방식만으로 충분한 명확성을 확보할 수 없는 행들도 있다. 그런 경우 더 분명한 조처가 요구된다. 로버트 로웰의 「에드워즈 씨와 거미 Mr. Edwards and the Spider」에서 발췌한 세 행을 예로 들어보자.

On Windsor Marsh, I saw the spider die

When thrown into the bowels of fierce fire:

(…)

But who | can plumb | the sink|ing of | that soul?

윈저 늪지에서, 나는 거미의 죽음을 보았네
사나운 불길의 창자 속으로 내던져졌을 때,
(…)
그러나 누가 그 영혼의 침잠을 헤아릴 수 있을까?

세 번째 행에서, 약강격 패턴에 따르기 위해서는 마지막 운보의 "that"에 약한 강세를 붙여야 한다. 하지만 시의 의미상 "that"에는 강한 강세를 붙이는 것이 맞다. 게다가 "soul"도 운율로 보아서나 의미를 고려해서나 강한 강세를 붙이지 않기란 어려워 보인다.

이런 경우를 위해 존재하는 것이 바로 **강강격**이다. 이는 동일한 강도를 지닌 두 강세가 약강격을 대체하는 형식으로 "heartbreak" "breadboard"와 같은 합성어에서 흔히 보이고, 논리나 구성상의 필요에 의해 쓰일 수 있다. 따라서 로버트 로웰의 시 마지막 행은 다음과 같이 강세를 조정하여 "that soul"이 더 잘 읽히도록 만들 수 있다.

On Windsor Marsh, I saw the spider die
When thrown into the bowels of fierce fire:

(…)
But who | can plúmb | the sínk|ing of | that soúl?*

또 다른 예를 들어보자. 「빛나는 별이여! 나 그대처럼 확고할 수 있다면」에서 키츠의 폭발적인 감정이 억제된 행이다.

Bríght star! | would Í | were stead|fast aś | thou árt—

이 소네트 첫 행 역시 약강격을 강강격으로 대체할 필요가 있다고 볼 수 있다. 여기서 내가 단정적으로 말하지 않는 이유는 옳고 그름을 가리기 어려운 문제이기 때문이다. 앞에서 인용된 이 시를 보고 규칙적인 약강격으로 읽은 사람도 있을 법하다. 반면에 "bright"와 "star"에 동등한 강세를 넣어서 읽은 사람도 있을 것이다.

Bríght star! | would Í | were stead|fast aś | thou árt—

---

* 이 세 행 중 첫 행은 쉽다. 정확히 다섯 번 반복되는 약강격이다. 두 번째 행은 독자 스스로 해석의 즐거움을 얻기를 바란다. "fierce fire"에는 물론 강강격이 요구되지만 "bowels"는 어떻게 처리해야 할까? 나아가 여기서 "bowels"는 한 음절일까, 두 음절일까? 나도 나름의 해석을 내놓을 수 있지만, 독자들 각자가 스스로 생각하고 판단하면서 많은 걸 배울 수 있으리라.

혹은 "steadfast"의 두 번째 음절 강세를 약화시키지 않고 두 음절 모두 강한 강세로 읽어서 강강격으로 만들 수도 있다.

Bright star! | would Í | were stéad|fast as | thou art—

더 나아가, 이 특별한 행에서는 약한 강세가 시 전체에 담긴 무한한 개인적 갈망을 손상시킨다고 느낄 수도 있기에* 이런 전개도 가능하다.

Bright star! | would Í | were stead|fast as | thou art—

앞에서 설명했듯이 약강 5보격이 영시에서 가장 널리 쓰이는 이유는 그 길이가 영어 사용자의 폐활량에 잘 맞기 때문이다. 약강격도 그와 유사한 '자연스러운' 이유로 광범위하게 사용된다. 영어 단어들이 나열될 때 기본이 되는 리듬인 까닭에 가장 유려하고, 인위적이지 않게 들린다. 실제로 자연스러운 약강격 패턴은 모든 종류의 글쓰기에서 쉽게 볼 수 있다. 반면

---

* 또한 정규적인 운율 패턴에서 벗어난 변화가 이 행의 나머지 부분에 혼란을 야기한다는 점도 쉽게 알 수 있다—이제 "thou"의 약한 강세가 어색하게 느껴지고, 그 운보 자체가 강강격을 요구하게 된다. 내가 이 시점에서 행 전체를 강강격으로 정하지 않았다면 말이다.

에 다른 운율은 '인위적으로 구성된' 듯이 들린다—이는 드럼의 화려한 장식음과 다르지 않다.

다음은 로버트 프로스트의 「담장 고치기Mending Wall」 첫 행이다.

Something | thĕre ĭs | thăt dóes|n't lŏve | ă wăll,

담을 좋아하지 않는 어떤 것이 있다,

이 행의 첫 운보는 약강격과 반대로 강한 강세가 먼저 오고 약한 강세가 뒤를 잇는다. 이는 강약격이라고 불리며, 행을 여는 경이롭고 강렬한 방식이다.* 강약격은 행의 어느 위치에서든 약강격을 대체할 수 있다. 셰익스피어의 「맥베스」에 등장하

---

* 앞에 인용된 시들에서 처음에 등장하는 강약격을 보고 의아함을 느낀 독자도 있을 것이다. 블레이크의 시에도, 키츠의 시에도 그런 사례가 하나씩 있다. 프로스트가 시를 열 때 언제 약강격을, 그리고 강약격이나 강약약격을 선택하는지 지켜보면 매우 흥미롭다. 그는 대개 시가 서사로 시작할 때는 약강격을, 대화로 시작할 때는 강약격이나 강약약격(좀 더 형식적이고 '인위적으로 구성된' 소리)을 사용한다. 이런 시들에서는 첫 단어가 인명이나 지명인 경우가 흔하다. 「코오스의 마녀The Witch of Coös」 「고용인의 죽음Death of a Hired Man」 「백 벌의 셔츠A Hundred Collars」 등을 참조하라.

는 이 친근한 시구처럼 행 전체에 적용될 수도 있다.

Double, double toil and trouble;
Fire, burn; and, cauldron, bubble.

수고와 고생 두 배로, 두 배로
불은 타고, 가마솥은 끓어오르라.

약강격이나 강약격을 대체하면서 지배적 패턴으로 쓰일 수 있는 또 하나의 운율은 **강약약격**이다. happiness라는 단어가 강약약격이며, 한 번의 강세 다음에 두 번의 약세가 이어진다. 강약약격dactyl의 그리스어 어근은 손가락을 의미한다—긴 마디뼈 다음에 짧은 마디뼈 두 개가 이어지는 것이다.

강약약격 패턴의 잘 알려진 예로는 헨리 워즈워스 롱펠로의 시 「에반젤린Evageline」이 있다.

This is the | forest pri|meval. The | murmuring | pines and the | hemlocks,
Bearded with | moss, and in | garments | green, indis|tinct in the | twilight,
Stand like | Druids of | eld, with | voices | sad and pro|phetic,

이곳은 태고의 숲. 소곤대는 소나무와 솔송나무,
이끼 수염 기르고, 초록 옷 입은, 황혼 속 어렴풋한 형체,
옛 드루이드들처럼 서서, 슬픈 예언자의 목소리 내는,

패턴이 일정하지 않고 운보가 바뀌면서 시의 어조와 의미를 고양시키고 심화하는 강약약격의 본보기로 이런 시가 있다.

Let lóv|ers go frésh | and swéet | to bé | undóne,
And the | héaviest | nuns walk | in a púre | flóating |
Of dark | habits, |
　　　　　kéeping their | difficult | balance.

연인들이 상쾌하고 달콤하게 벗으러 가게 하라,
가장 무거운 수녀들이 순수하게 떠도는
검은 수도복 입고,
　　　　　힘든 균형 유지하며 걷게 하라.

　　　　　―리처드 윌버, 「사랑은 우리를 이 세상의 것들로 부르네
　　　　　　Love Calls Us to the Things of This World」에서

약약강격은 강약약격과 반대로 두 개의 약한 강세 뒤에 강한 강세 하나가 오는 운율이다.

이는 상당히 드물게 사용된다. 하지만 앞에서 인용한 시구에서도 볼 수 있고, 아마 독자들에게 익숙할 다음의 시 두 행에서도 쓰였다.

For the moón | nevĕr beáms | withoŭt brínglĭng me dreáms
Of the beáu|tifŭl Ann|ăbel Lée;

달빛은 어김없이 나를 꿈에 젖어들게 하고
그 꿈들은 언제나 아름다운 애너벨 리를 담고 있네.

―에드거 앨런 포, 「애너벨 리Annabel Lee」에서

이러한 운율들은 모두 리듬 패턴을 가리키는 용어임을 기억하는 것이 중요하다. 이들은 '순수한' 형태일 수도 있고 약간의 변형을 가한 '순수하지 않은' 형태일 수도 있다. 동요에는 순수하지 않은 형태의 약약강격과 강약약격 행이 가득한데, 이들은 기본적인 운율 패턴에 따르되 각 행을 하나의 강한 강세로 끝맺는 경향이 있다. 예를 들면 이와 같다.

Híckŏrў | díckŏrў | dóck. | The moúse | ran úp | the clóck.

똑딱똑딱. 생쥐가 시계 위로 달려갔어요.

운율적인 행을 자세히 들여다보면 기존 템포를 깨뜨리면서 중요한 순간, 또는 어떤 계시적 전환점을—거의 선언하듯이—나타내는 아주 효과적인 장치가 있다. 이를 **휴지**休止라고 부른다. 휴지는 시의 행 안에서, 오직 그 안에서만 나타나는 구조적이고 논리적인 멈춤이며, 항상 그런 건 아니지만 대개 한 운보 내에 들어간다.

이 멈춤은 운율적 패턴의 일부로 계산되지는 않는다.

Forlorn! | ↓ the ver|y word | is like | a bell

—존 키츠, 「나이팅게일에게 바치는 송가」에서

이 시에 대한 지극히 사려 깊은 에세이*를 쓴 아치볼드 맥리시는 바로 이 지점—휴지가 나타나는 순간—에서 시가 전환되면서 화자는 마법 같은 새를 따라가기를 멈추고 현실적인 문제로 돌아가기로 결심한다고 말한다.

시인들이 저마다 휴지를 사용하는 방식은 그들의 시적 스타일을 나타내는 서명과도 같다. 앞에서 인용한 에밀리 디킨슨의

---

* 『시와 경험Poetry and Experience』(보스턴 휴튼 미플린, 1960), 173~199쪽.

시 네 행에서도 볼 수 있듯 쉼표의 순간적인, 그러나 분명한 제동이 각 행의 마지막 부분을 잠시 저지하면서 머뭇거림, 심지어는 폐소공포증(그 짧은 구절들에서 드러나는 숨 가쁨과 불안)을 고조시킨다. 마치 매번 힘을 주어 밀어야만 하는 것처럼.

휴지는 감정이 한껏 고조되는 순간뿐 아니라 대화체에서도 유용하다. 다음은 로버트 프로스트의 시 「서쪽으로 흐르는 개울West-Running Brook」의 도입부다.

"Fred, where is north?"↓
                    "North?↓ North is there, my love.
The brook runs west…"

"프레드, 북쪽이 어디야?"
                "북쪽? 북쪽은 저기야, 내 사랑.
개울은 서쪽으로 흐르고…"

그리고 계산되지 않는 강세도 있다. 압운이 두 음절로 구성된 단어의 마지막에 오는 약한 강세가 여기 해당한다. 앞에 인용한 시어도어 로스케의 「아버지의 왈츠」에서 그 예를 찾을 수 있는데, 2행과 4행의 마지막 운보에서 각운을 이루는 단어 "dizzy"와 "easy"의 두 번째 음절이 추가적인 약한 강세를 갖는 것이다. 이러한 마지막 운보의 추가적인 약한 강세는 일반적으로 꼬리표tag라고 불리며 운율 패턴의 일부로 계산하지 않는다. 압운에 대한 논의는 다음 장에서 본격적으로 해보려 한다.

행의 시작과 끝

행에서 가장 중요한 지점은 **끝**이다. 그다음으로 중요한 지점은 **시작**이다.

시는 약강격으로 시작되는 경우가 가장 흔하다. 느긋하고, 초대하는 듯하며, 자연스러운 분위기를 조성하기 때문이다. 로버트 프로스트는 시를 낭송할 때 사적인 이야기를 먼저 한 다음에 읽곤 했는데, 그의 약강격 행은 너무도 자연스러워 사적인 이야기가 끝나고 시가 시작되는 부분을 알기 어려울 때도 가끔 있었다.

강한 강세(강강격, 강약격, 강약약격)로 시작하는 시는 독자에게 극적인 일이 임박했다는 즉각적인 신호를 보낸다. 일상적 말투와는 무언가 다르다.

우리는 압운이 무엇인지 알고 있다.

> When the stars threw down their spears
> And water'd heaven with their tears,

Did He smile His work to see?

Did He who made the lamb make thee?

별들이 위에서 창을 던지고
눈물로 하늘을 적셨을 때,
그분은 자신의 작품을 보고 미소 지으셨을까?
어린 양을 만드신 그분이 너도 만드셨을까?

―윌리엄 블레이크, 「호랑이The Tyger」에서

두 행 이상 끝소리가 유사하면 응집력과 질서감이 생겨나며 즐거움을 준다. 명확한 압운은 눈길을 끌고 기쁨을 선사하기 위함이다. 사실, 운율을 띤 시의 분위기는 가볍고 유쾌한 경우가 많다.*

"spears"와 "tears"의 압운은 **완전운**true rhyme에 해당한다. 강세가 있는 음절 하나만으로 이루어진 **남성운**masculine rhyme이기도 하다.

한편, "pot"과 "hot"처럼 완전운은 아니지만 거의 운을 이루는 단어들(앞에 인용한 에밀리 디킨슨의 시에서 **down**과 **noon**)은

---

* 항상 그렇지는 않다. 블레이크의 시보다 더 진지한 건 없을 테니까.

부분운off-rhyme 또는 **불완전운**slant rhyme이라고 불린다. **여성운** feminine rhyme은 한 음절 이상으로 이루어져 있으며 끝이 약한 강세로 끝나는 단어들, 예를 들면 "buckle" "knuckle"에서 찾아볼 수 있다. 앞서 인용한 로스케의 시 2행과 4행은 불완전운이자 여성운의 예다.

여성운은 마지막 운율을 흐릿하게 만든다. 불완전운 또한 마찬가지다. 반면, 남성운과 완전운은 명료하다. 특히 폐쇄음으로 끝나는 단어들의 완전 남성운은 가장 강력하며 문을 쾅 닫는 듯한 인상을 남긴다. 로버트 프로스트의 「눈 오는 저녁 숲가에 멈추어」 마지막 연을 떠올려보기 바란다.

행의 반복이나 후렴은 즐거움의 원천이다. 일어남과 다시 일어남의 오랜 기쁨을 불러오며 그것이 바로 리듬이다.

독자는 반복이나 후렴 다음에 이어지는 행은 다르리라는 패턴 신호를 받기에 더 관심을 집중하여 귀 기울이게 된다.

행갈이

모든 행의 끝에는 언제나—불가피하게—잠깐의 멈춤이 존재한다. 이 멈춤은 시의 움직임의 일부이며, 머뭇거림이 춤의 일부인 것과 같다. 운율시를 쓰는 시인은 이 머뭇거림을 통해 앞에서 언급한 몇 가지 효과를 얻을 수 있다. 시인은 행의 길이와 운율뿐 아니라 어느 지점에서 행갈이를 할지도 결정해야 한다.

  비운율적인 자유시를 쓰는 작가 역시 행 끝의 멈춤을 다양한 방식으로 활용할 수 있다. 이를테면 **자기 폐쇄적** 행을 만들 수도 있다. 자기 폐쇄적 행은 완전한 문장일 수도 있고, 문장 전체는 아니지만 문법이나 논리상으로 완결된 하나의 구일 수도 있다. 그런 경우—예를 들어 에즈라 파운드의 시 「인사 Salutation」처럼—멈춤은 순간적인 정지로 독자에게 그 행의 정보와 즐거움을 음미할 기회를 제공한다.

    O generation of the thoroughly smug and thoroughly uncomfortable,
    I have seen fishermen picnicking in the sun,
    I have seen them with untidy families,
    I have seen their smiles full of teeth and heard ungainly laughter.
    And I am happier than you are,
    And they were happier than I am;
    And the fish swim in the lake and do not even own clothing.

    오, 몹시도 우쭐대는 몹시도 불편한 세대여,
    나는 태양 아래 소풍을 즐기는 어부들을 보았노라,

지저분한 가족들과 함께 있는 그들을,

그들이 이를 드러내고 웃는 걸 보고 꼴사나운 웃음소리를 들었노라.

그리고 나는 너보다 행복하고,

그들은 나보다 더 행복했다.

그리고 호수에서 헤엄치는 물고기들은 옷 한 벌 없노라.

반면 행간걸침으로 행이 바뀌면서 하나의 논리적 구가 쪼개질 경우, 시의 속도는 두 가지 이유에서 빨라진다. 첫째, 독자가 그 구의 나머지 부분에 대한 호기심으로 서두르게 되기 때문이다. 둘째, 멈춤이라는 장애물을 넘을 때 거기 장애물이 있기에 두 배로 속도를 내기 때문이다. 우리는 도랑이 없을 때보다 도랑을 건너뛸 때 더 힘을 낸다.

자유시에서 행갈이는 보다 중요하다. 자유시는 정해진 형식을 따르지 않기에 시인은 매번 행을 어디서 끊을지 결정해야 하며, 이러한 행갈이는 시각적 배열에 지대한 영향을 미친다. 자유시는 책이 널리 보급되며 전통적인 낭송보다 눈으로 읽고 조용히 감상하는 방식이 선호되면서 유행하기 시작했다. 페이지 위의 패턴은 시의 속도를 가늠하는 지표가 되었다. 시의 균형과 안정감은 행갈이 방식이 시 전체에 필수적으로 요구되는 일관성, 즉 처음부터 끝까지 통일된 느낌을 유지하느냐 그렇지 못하느냐의 문제와 불가분의 관계를 갖는다. 규칙적인 운율시는 시를 듣고 기억에 담고자 할 때 도움이 되는 반면, 눈으로 '보는' 시의 다양한 행갈이는 마음의 귀로 시를 '듣고자' 할 때 도움이 된다.

결론

두 편의 시가 모두 약강 4보격 압운 2행연구로 쓰였더라도 똑같은 소리를 내지는 않는다. 모든 시는 기본적인 리듬을 지니고 있으며, 계속해서 그 리듬에 맞서 변화를 주는 대조적인 요소들이 존재한다. 그러한 변주가 없는 시는 금세 지루해진다. 말의 선물—그 날카롭고 절대적인 각성상태—은 지나치게 규칙적인 리듬 속에서 질식하고 만다. 그 결과 시는 음악이 아니라 무미건조하고 쉽게 잊히는 웅얼거림이 된다.

한편, 시에는 신뢰성이 필요하다. 행의 길이와 행갈이라는 기술이 얼마나 강력한 힘을 가졌는지에 대해선 아무리 강조해도 지나치지 않다. 아무런 의도 없이 함부로 행을 휘두르거나 강한 소리가 나는 단어들을 던지거나 약한 소리를 흩뿌릴 수는 없다. 한 편의 시를 읽기 시작하는 독자는 마치 낯선 이가 노를 젓는 배에 오른 사람과 같다. 노가 깊은 물속에서 길게 몇 번 움직이는 순간, 독자는 그 배가 안전한지, 아니면 곧 가라앉게 될지 알 수 있다. 시는 그만큼 실제적인 여정이다. 그 안에서 느껴지는 신뢰할 만한 리듬은 독자를 초대할 수도, 밀어낼 수도 있다. 의미 있는 리듬은 독자를 초대할 것이다. 무의미한 리듬은 독자를 밀어낼 것이다.

몇 가지 주어진 형식

시에는 설계가 필요하다—질서가 있어야 한다. 우리가 시에서 느끼는 즐거움 가운데 일부는 그것이 잘 만들어진 작품이라는 점에서 비롯한다. **시의 형태로 쓰인** 언어가 지닌 권위와 아름다움이 쾌감을 주는 것이다. 구제 불능의 혼돈을 묘사한 시라 할지라도, 그 시는 숙고와 저울질, 선택을 거친 단어와 구, 패턴의 모음이다. 어쩌면 시는 날것 그대로의 천재성에서 잉태되었을지도 모른다. 하지만 동시에 인간이 만든 '노래'라는 하프의 조율된 현들을 통해 흘러나오는 것이기도 하다.

이 선택된 설계에 앞서 언급한 모든 요소—압운, 운율, 행의 길이, 다양한 글자의 소리—가 중요하다. 여기에 더해 시 전체의 길이, 시의 어조(이를테면 고상한가, 아니면 가볍고 편안한가), 이미지*의 사용, 그리고 주제도 영향을 미친다. 이렇듯 수많은 요소가 들어가기에 어떤 패턴이 반복되더라도 서로 다른 두 시가 비슷해지지는 않는다. 세상 어디에도, 어느 시대에도, 똑

---

* 이미지에 대해서는 다음 장에서 자세히 다룰 것이다.

같은 시는 존재하지 않는다. 그리고 앞으로도 결코 존재하지 않을 것이다.

다음은 운율시에서 사용되는 몇 가지 패턴을 간략하게 설명한 것이다.

길이, 폭, 압운

압운의 패턴에는 간단히 2행씩 짝지어 운을 맞추는 **2행연구**(1행과 2행의 운을 맞추고, 3행과 4행의 운을 맞추는 방식)부터 **3운구, 스펜서 연**에 이르기까지 다양한 형태가 있다.

다음은 압운 패턴의 몇 가지 예다.[*]

2행연구	aa bb cc dd 등
3행연구	aaa bbb ccc ddd 등
4행연구	abab cdcd 등
3운구	aba bcb cdc ded 등

---

[*] 이 밖에도 많은 형식과 패턴이 존재하며, 관심 있는 독자라면 어렵지 않게 발견할 수 있을 것이다.

스펜서 연 abab bcbc c*

소네트는 14행으로 이루어진 시이며 전통적으로 약강 5보격을 사용하지만, 어떤 시인들은 4보격으로 쓰기도 하고 정형에서 벗어나 다양한 변형을 시도하기도 한다.
이탈리아식 소네트의 압운 형태는 다음과 같다.

abba abba cdd cee
(이후 cde의 다양한 변형도 허용됨)

앞의 8행(옥타브)은 진술이나 전제를 제시하고, 뒤의 6행(세스텟)은 그것에 응답하는 방식이다.
영국식 또는 **셰익스피어식 소네트**는 조금 더 느슨한 구조다. 그 압운 형태는 다음과 같다.

abab cdcd efef gg

---

* 스펜서 연에서 처음 여덟 행은 항상 약강 5보격이고 마지막 행은 어김없이 알렉산더격(6보격 행)이다. 물론 대부분의 패턴에서 시인은 행 길이를 선택할 수 있다. 이를테면 약강 5보격 2행연구나 4보격 3행연구를 선택할 수도 있고 '새로운' 형태를 만들어낼 수도 있다. 「눈 오는 저녁 숲가에 멈추어」의 패턴을 참조하라.

영국식 소네트는 세 개의 4행연구와 마지막 2행연구로 나뉜다.

각운 없이 약강 5보격으로 쓰인 시는 **무운시**라고 불린다. 무운시의 예는 무궁무진하며, 『햄릿』『파우스트 박사』『실낙원』『하이페리온』『서곡The Prelude』『틴턴 수도원Tintern Abbey』『재림 The Second Coming』『고용인의 죽음』 등이 있다.

연

연은 시에서 행이 모여 있는 단위를 말하며 이 행들의 그룹은 서로 일정한 간격을 두고 떨어져 있다. 이 단어는 라틴어 stans('서다'라는 뜻을 가진 stare의 현재분사)에서 비롯되어 이탈리아어 stanza(방이나 거주지를 뜻한다)를 거쳐 전해졌다. 이 말이 시의 분할을 나타냄은 분명하지만, 그 이상으로 **엄밀한** 정의가 존재하지는 않는다. 엄격한 연의 구성과 나눔을 포괄하는 특정한 패턴을 따르는 경우를 제외하면, 시의 연을 나누는 방식에는 절대적으로 옳거나 틀린 것이 없다.

연에 대해 생각할 때 산문의 문단을 연상하면 유용할 수 있다. 문단은 하나의 생각이 끝나고 새로운 생각이 시작됨을 나타내는 **합리적** 분할이다. 물론 시인이 반드시 이런 방식으로 연을 구성해야 한다는 뜻은 아니다. 그러나 합리적 문단을 하나의 기준점(행 길이의 표현력에 있어서 약강 5보격이 기준 역할을 하듯이)으로 삼고 그 기준에 따라 특정한 시에 가장 적합한 분할 방식을 찾는 것도 바람직할 수 있다. 이러한 분할은 시에서 벌어지는 행위의 자연스러운 정지 지점을 나타낼 수도 있고 다른 것에 기반을 둘 수도 있다.

확실하게 말할 수 있는 것은, 연을 나눔으로써 독자는 불가피하게 머뭇거림이나 가속을 느끼게 된다는 점이다. 연의 끝에서 문장을 마무리하는 경우, 행이나 완료된 문장의 자연스러운 멈춤이 더욱 강하게 느껴진다. 반면, 문장이 연의 마지막 행을 넘어 다음 연의 첫 행까지 이어질 경우 템포가 빨라지며 놀라운 속도 변화가 일어나기도 한다. 뿐만 아니라 정돈된 구성보다 더 강한 창의력(주제의 힘, 시인의 역량)을 보여주는 효과를 낳을 때도 있다.

이미 확립된 패턴에서의 변화는 시인이 독자에게 그 지점에서 무언가 달라졌다는 느낌을 주고 싶어 한다는 의미다. 형식의 장점 중 하나는 그 형식을 깨뜨림으로써 독자를 시인이 의도한 방향으로 '이끌' 수 있다는 것이다.

연은 시인이 독자에게 시를 어떻게 이해하고 느껴야 하는지 안내하는 도구일 뿐 아니라, 시의 설계에서 형식적 질서를 구성하는 한 부분이기도 하다. 따라서 연은 유용하고 동시에 기쁨을 주는 장치이다.

시는 몇몇 부분으로 나뉘기도 하는데, 이런 부분들에 번호를 붙일 수도, 붙이지 않을 수도 있다. 반드시 특정한 형식을 따르기보다는 시가 요구하는 방향대로 자유롭게 나아가도 좋다. 단일한 몸체의 시에서는 진행 중인 서술에 소속된 두 종류의 일상적인 실체—즉 시간과 장소—에서 벗어나기가 쉽지 않은데, 벗어남을 통해 시의 맥락을 더 깊이 있고 예리하게 만들 수 있다. 시인은 이러한 분할 형식을 이용하여 시의 풍경이나 서술, 글의 어조, 행의 길이—사실상 시의 모든 요소를 바꿀 수 있다. 그렇다고 해서 시에 초점과 순차적 전개가 필요치 않다고는 할 수 없지만, 시인은 형식적인 시의 격식과 암묵적 경계에서 벗어나 자유자재로 방향을 바꾸며 복잡하게 서술을 펼쳐나갈 수 있는 것이다. 이를테면 제임스 라이트의 「백화점 계산대 앞에서Before a Cashier's Window in a Department Store」처럼 말이다.

1

The beautiful cashier's white face has risen once more

Behind a young manager's shoulder.

They whisper together, and stare

Straight into my face.

I feel like grabbing a stray child

Or a skinny old woman

And driving into a cellar, crouching

Under a stone bridge, praying myself sick,

Till the troops pass.

2

Why should he care? He goes.

I slump deeper.

In my frayed coat, I am pinned down

By debt. He nods,

Commending my flesh to the pity of the daws of God.

3

Am I dead? And, if not, why not?

For she sails there, alone, looming in the heaven of the beautiful.

She knows

The bulldozers will scrape me up

After dark, behind

The officers' club.

Beneath her terrible blaze, my skeleton

Glitters out. I am the dark. I am the dark

Bone I was born to be.

4

Tu Fu woke shuddering on a battlefield

Once, in the dead of night, and made out

The mangled women, sorting

The haggard slant-eyes.

The moon was up.

5

I am hungry. In two more days

It will be spring. So this

Is what it feels like.

1

아름다운 계산원의 하얀 얼굴이 다시 떠올랐다

젊은 매니저의 어깨 너머로.

그들은 서로 속삭이며,

내 얼굴을 똑바로 들여다본다.

나는 길 잃은 아이나

깡마른 노파 하나를 붙잡고 싶다

지하실로 달려가, 돌다리 밑에

웅크린 채, 병이 날 때까지 기도하고 싶다,

군인들이 지나갈 때까지.

2

그가 왜 신경 쓰겠는가? 그는 떠난다.
나는 더 깊이 꺾인다.
해진 코트를 입은 채, 나는 빛에
짓눌려 있다. 그는 고개를 끄덕이며,
내 육신을 하느님의 까마귀들의 자비에 맡긴다.

3

나는 죽었는가? 아니라면, 왜 아닌가?
그녀는 저기 떠간다, 홀로, 아름다움의 하늘에서 어렴풋이.
그녀는 안다
불도저들이 나를 치울 것을
어둠이 내린 뒤,
장교 클럽 뒤편에서.
그녀의 끔찍한 광채 아래, 내 해골은
반짝인다. 나는 어둠이다. 나는 어둠의 뼈
태어날 때부터 그럴 운명이었다.

4

두보는 전쟁터에서 몸을 떨며 깨어났다

언젠가, 한밤중에, 그리고 알아보았다
난도질당한 여자들, 구분해냈다
그 지친 동양인의 째진 눈들을.
달이 떠 있었다.

5
나는 배가 고프다. 이틀만 지나면
봄이 온다. 이것이
그 느낌이다.

음절시

   지금까지 운율과 강세를 자세히 다루었다. 이번에는 완전히 다른 이야기를 하려 한다. 음절시는 한번 정한 패턴을 철저히 따르는 시 형식으로, 첫 번째 연의 각 행에 포함된 음절 수를 이후 연들에서도 정확히 지킨다. 각 행의 단어들이 한 음절이든 여러 음절이든 상관없다. 각 행에서 강세가 어디에 놓이느냐 역시 중요치 않다. 중요한 것은 각 연의 행마다 정확히 같은 음절 수가 반복되어야 한다는 점이다. 이로써 시의 패턴이 정해진다.
   음절 수를 엄격히 제한하면 강세 패턴의 다양한 변화가 불가피해지기 때문에 음절시는 매우 규칙적인 음악성을 갖추면서도 흥미로운 대위법을 만들어낸다. 다음은 메리앤 무어의 시 「물고기」The Fish」의 한 부분이다.

The Fish

wade

through black jade.

    Of the crow-blue mussel-shells, one keeps

    adjusting the ash-heaps:

        opening and shutting itself like

an

injured fan.

    The barnacles which encrust the side

    of the wave, cannot hide

        there for the submerged shafts of the

sun,

split like spun

    glass, move themselves with spotlight swiftness

into the crevices —

물고기

헤엄치네
검은 옥 가로질러.
　까마귀 빛깔 홍합 껍데기 하나가
　잿더미를 다듬네
　　연신 열리고 닫히며

하나의
고장 난 부채처럼.
　파도 옆면을 뒤덮은
　따개비들은, 거기에 숨을 수 없네
　　왜냐하면 물에 잠긴 태양의

광선들이,
실 유리처럼 갈라져
　스포트라이트처럼 순식간에
　　틈 사이로 스며드니까 —

이 시에서 각 연의 음절 수는 1행 1음절, 2행 3음절, 3행 9음절, 4행 6음절, 5행 8음절이며, 이 패턴은 모든 연에서 똑같이 반복된다.

다시 말해, 음절시는 정확한 음절 수의 반복을 통해 패턴을 구축한다. 메리앤 무어는 「물고기」에서 어떤 행은 들여쓰기를 했고, 어떤 행은 들여쓰기를 하지 않았다. 또한 시 제목을 첫 문장의 일부로 사용했다. 어떤 행은 행간걸침을 시도하고 어떤 행은 문장을 끝맺는 방식으로 마무리했으며, 압운도 포함시켰다. 음절의 규칙성이 이 시를 음절시로 만들고, 나머지 장치들은 거기에 설계를 보탠 셈일 뿐이다. 그리고 이 추가적인 설계는 다양성을 통해—즉 제목이 본문으로 자연스럽게 스며들게 하고 경직된 왼쪽 여백의 무기력함으로부터 행들을 느슨하게 풀어줌으로써—시에 생기를 불어넣고 그 결과 독자에게 즐거움을 준다.

마지막으로 한 가지 덧붙이자면, 메리앤 무어의 또 다른 음절시 「첨탑 수리공 The Steeple-Jack」은 시 중심부의 변형된 연이 경이로운 효과를 발휘한다. 즉, 창의성은 언제나 규칙을 살짝 벗어난 곳에서 맴돌고 있다.

자유시

자유시라고 해서 결코 설계의 필요성이 제외되지는 않는다. 다만 자유시는 외형적인 형식에 따르지 않기에 다른 방식으로 접근해야 한다. 이 주제는 다음 장에서 비중 있게 다루겠다. 행의 반복, 문장 구조의 반복, 강세의 패턴, 필연성의 감각, 기대감의 패턴을 만들고 그 기대를 충족시키는 방식, 행간걸침의 반복 등과 같은 요소들이 포함될 예정이다.

자유로운 시

설계

자유시라는 이름 자체가 운율, 정형화된 행, 엄격한 압운 패턴의 제한에서 벗어나고자 하는 열망에서 비롯되었음을 암시한다. 이런 종류의 시를 가리키는 다른 용어로는 '유동적인' 시, '유기적인' 시가 있다. 이 시형의 성격을 말해주는 용어들이지만 충분한 설명이 된다고 보기는 어렵다. '유동적', '유기적'이라는 표현이 '자유시'보다 그나마 진실에 가깝다고 할 수 있는데, 그래도 '자유시'라는 이름이 가장 널리 쓰인다.

자유시는 물론 자유롭지 않다. 형식적인 운율 구성에서는 자유롭지만, 설계로부터 완전히 자유로운 것은 아니다. 시는 즉흥적이고 충동적인 언어인가? 그렇다. 그러면서도 숙고를 거쳐 신중하게 구성되어 백 번을 읽어도 적절하고 효과적인 언어이기도 한가? 그렇다. 이것은 운율시뿐 아니라 자유시에도 똑같이 적용된다.

하지만 자유시의 설계가 정확히 무엇인지는 아무도 말할 수 없다. 시마다 너무 다르기 때문이기도 하고, 우리가 자유시의 시작점에 너무 가까이 있기 때문이기도 하다. 운율시는 수 세기 동안 쓰여왔고, 그 이전에도 시는 두운이나 강세 패턴의 엄격한 적용에 의존했다. 시인들은 20세기 초 무렵에야 자유시를 쓰기 시작했다. 다시 말해, 자유시는 여전히 발전 단계에 있다고 할 수 있다. 그 규칙은 아직 돌에 새겨지지 않았다. 심지어 진흙에도. 그러니까 자유시를 논하는 일은 대부분이 물에 잠긴 빛나는 물체, 빙산에 대해 이야기하는 것과 같다.

  자유시는 소리와 행을 통해 하나의 전제(혹은 기대)를 제시하고, 시가 끝나기 전에 그 전제에 대한 충실한 응답을 만들어낸다. 그것이 시의 설계다. 처음에 세운 전제에 시종일관 화답하면서 독자가 **느끼는** 진정성을 얻는다.

  여기서 처음의 전제는 전통적 운율시와 마찬가지로 소리, 행의 길이, 리듬 패턴 등으로 구성되지만, 이 경우에는 엄격하지 않고 운율적이지도 않다. 다만 강세의 사용은 강조된다. 우리가 일상에서 말하는 방식과 유사하다. 일상의 말 또한 음악성을 지니지 않는가? 물론이다. 따라서 반복, 후렴 같은 전통적인 장치들이 여전히 효과를 발휘한다. 두운과 모운 역시 변함없이 중요하다.

  이것만은 분명한 진실인데, 자유시는 완성되었을 때 시처럼 '느껴져야' 한다. 즉, 의도에 따른 효과적인 표현이 되어야 한다. 굳이 운율이 맞지 않아도 괜찮지만, 시인이 원한다면 약간은 운율이 있어도 좋다. 확실한 패턴에 따라 운을 맞추지 않아도 되지만, 시인이 운을 살짝 맞추고 싶다면 그렇게 할 수도 있다. 특정한 연 형식을 따를 의무는 없지만, 원한다면 물론 연을 나누어도 무방하다. 어떤 전통적인 규칙도 **반드시** 따라야 할 필요는 없다. 그렇다고 그 모든 규칙을 **반드시** 배척할 이유도 없다.

어조와 내용

자유시는 어쩌면 시대의 산물일지도 모른다. 어쩌면 세기 초의 시인들이 품었던 시의 **어조**를 바꾸고 싶다는 열망에서 비롯되었는지도 모른다. 어쩌면 민주적이고 계급 없는 사회라는 미국적 이상이 전파된 결과일 수도 있다. 책의 사적 소유가 늘어나면서 문학 전반, 특히 시에 대한 사람들의 태도 변화에 영향을 미쳤을 것이다. 서부 개척과 함께 작은 마을들과 농경 정착지들이 서부 깊숙이 확장되면서 전통으로부터의 거리감과 독립성이 커지고, 작가를 학식 높은 특별한 계층으로 여기는 강연자로서의 작가의식도 희미해져갔다. 이제 시인은 연단에서 내려와 독자의 사적인 공간으로 들어가게 된 것이다. 시인은 '선생님 같은' 면모보다는 친근함을 지녀야 했다. 그에 따라 시의 내용 역시 바뀌기 시작했다. 고상함이라는 반짝거리는 유약을 바르고 늘 주제의 적절성을 문제 삼던 전통은 역사적 배경 속으로 사라져갔다. 새로이 부상한 목소리는 모든 것에 대해—무엇이든—쓰고자 하는 결연한 의지를 가진 듯 보였다. 이렇게 친밀함과 '공통의' 경험에 대한 기대가 생겨나면서 격식을 갖춘 과거의 운율시 형식은 거리감을 불러왔다. 시인과 독자 사이에 새롭게 형성되고 있는 관계를 반영할 수 있는 새로운 어조가 요구되었다.

시의 어조가 변하기 위해서는 시구 자체가 변해야 했다. 이제 격식에 따르기보다는 대화처럼 들리고 느껴지는 시가 필요해졌다. 거리에서의 대화나 친구와 집 안에서 나누는 말처럼, 읽을 때 즉흥적이고 그 순간에 충실한 느낌을 주는 시구가 요구되었던 것이다.

이런 시구는 당연히 전통적인 운율보다 약강격이나 강약약격 같은 자연스러운 말하기 패턴에 더 가까워져야 했고, 말이 지닌 앞으로 나아가는 느낌을 반영해야 했다. 본질적으로, 요점은 이것이다. 말이 시에 들어온 것이다. 시는 더 이상 강연이 아니라, 친구와 함께 보내는 시간이 되었다. 시의 음악은 곧 대화의 음악이었다.

월트 휘트먼과 『풀잎Leaves of Grass』

1855년 처음 출간된 월트 휘트먼의 『풀잎』은 대체로 길고,

운율 분석이 어렵고, 주로 행의 끝에서 문장이 완결되는 방식으로 쓰였다.* 휘트먼은 흔히 미국에서 최초로 자유시를 쓴 시인으로 불린다. 하지만 그러한 언급은 산을 보고 언덕이라고 부르는 것과 같다. 틀린 말은 아니지만, 딱히 유익하거나 흥미롭지 않다. 지금은 자유시라는 개념이 존재하므로 휘트먼의 독보적인 대작을 자유시로 분류하는 것이 타당할 수 있다. 그러나 휘트먼의 시를 연구하는 건 휘트먼의 시에 대해 배우는 것이다. 천재성이란 이런 것이다. 시의 전통을 깨고 미국적인 가치를 찬미했으며 말하듯 시를 쓰고 인습을 타파한 휘트먼은 이후에 등장하는 모든 시인의 선봉장이 되었다. 하지만 휘트먼의 작품이 지닌 효과―지극히 긴 행, 반복, 열거, 그리고 아마 다른 시인의 경우였다면 작품을 망칠 수도 있었을 만큼 넘치는 형용사들이 만들어낸―는 철저히 개인적인 스타일의 결과물이다. 게다가 웅변적이고 수사적인 그의 어조는 자유시가 추구하는 태도나 어조와는 완전히 어긋난다.

I think I could turn, and live with animals, they are so placid

---

* 그러나 「오 캡틴! 나의 캡틴!O Captain! My Captain!」은 운율시 형식으로 쓰인 참담한 시다.

and self-contain'd,

    I stand and look at them long and long.

    They do not sweat and whine about their condition,

    They do not lie awake in the dark and weep for their sins,

    They do not make me sick discussing their duty to God,

    Not one is dissatisfied, not one is demented with the mania of owning things,

    Not one kneels to another, nor to his kind that lived thousands of years ago,

    Not one is respectable or unhappy over the whole earth.

    나는 방향을 돌려, 동물들과 함께 살 수도 있을 것이다. 그들은 참으로 평온하고 자족적이니까.

    나는 오래도록 서서 그들을 바라본다.

    그들은 제 처지를 두고 진땀을 흘리거나 징징대지 않는다.

    그들은 어둠 속에서 깨어 죄를 뉘우치며 울지도 않는다.

    그들은 신에 대한 의무를 말하며 나를 역겹게 하지 않는다.

    그들 중 누구도 불만에 차 있지 않으며, 소유욕이라는 광기로 미친 자도 없다.

    그들 중 누구도 다른 이에게, 수천 년 전에 살았던 동류에게도 무릎 꿇지 않는다.

그들 중 누구도 존경스럽지 않고, 세상 어디에서도 불행하지 않다.

윌리엄 칼로스 윌리엄스와
「빨간 손수레The Red Wheelbarrow」

자유시를 논할 때 하나의 '교본'이 될 만한 시가 있다면, 윌리엄 칼로스 윌리엄스의 「빨간 손수레」다. 이 8행짜리 시는 무수한 분석을 거친 후에도 여전히 모든 비밀을 내어주기를 거부한다. 그럼에도 이 시는 우리에게 많은 것을 말해준다.

우선, 이 시는 페이지 위에 아주 조심스럽게 배열된 시각적 패턴을 가지고 있다. 2행 4연 시로, 각 연의 두 번째 행은 한 단어다. 그리고 문장부호가 없다.

이러한 설계는 어떤 의미일까? 문장부호가 전혀 없다는 건 무엇을 뜻할까? 문장부호를 없앤 건 아마도 새로운 방식의 시, 즉 새로운 방식으로 읽혀야 하는 시를 의도했다는 뜻일지 모른다—쉼표나 줄표 같은 전통적인 문장부호가 아니라 주로 행갈이에서, 배치 자체에서 실마리를 얻도록 말이다.

so much depends

upon

a red wheel

barrow

glazed with rain

water

beside the white

chickens

너무도 많이
의존하지

하나의 빨간
손수레에

빗물에 젖어
반짝이는

그 곁에는 흰

닭들

    이 시의 외형적 단순성은 무엇을 의미할까? 어쩌면 그것은 이 시인에게 시란 미리 정해둔 진지한 주제에 관한 글이 아니라 '평범하고' 단순한 대상—그저 하나의 장면—에 대한 집중과 관심의 문제, 즉 예술을 통해 그 장면을 특별하고 인상적인 차원으로 끌어올리는 일임을 암시할 수도 있다.
    이 짧은 시가 사상이나 관념보다 사물로만 가득하다는 사실은 무엇을 의미할까? 윌리엄스는 "관념이 아니라 구체적인 사물로 표현하라"고 말한 바 있다. 관념은 사물에서 솟아난다. 이 시는 논의도, 강의도 아니다. 이 시는 하나의 **순간**이다—세상에서 무언가를 바라보고 주목하는 하나의 순간.
    이 시가 단 8행으로 이루어졌다는 건 무엇을 의미할까? 아마 그런 강도 높은 집중은 오래 지속될 수 없다는 것, 혹은 다음 사물이나 장면으로 옮겨 가야 한다는 뜻일 수 있다. 윌리엄스는 상상력이란 사물(혹은 대상)의 세계에서 깨어난다고 암시하고 있는지도 모른다. 그는 시가 빛나기 위해서는 이미지가 필요하다고 말하려는 것인지도 모르며, 이미지는 언제나 사물과 관련되어 있다.
    시의 소리 면에서 보면, 이 시가 어둡고 무거운 폐쇄음을 탁월하게 사용했음을 금세 알 수 있다. 로버트 프로스트의「눈 오는 저녁 숲가에 멈추어」에서처럼 중요한 지점마다 폐쇄음이 등장한다. 문장에 강세가 실릴 만한 지점은 잠시 잊고, 폐쇄음을 포함하거나 그것으로 구성된 음절에 강세를 두어 읽어보라. 그러면 자연스러운 말의 리듬으로 시를 읽게 된다. 즉, 폐쇄음과 말의 강세가 결합하여 하나의 힘을 만들어내는 것이다. 이 두 가지 에너지원으로 강화된 문장은 놀랍도록 강렬하고, 반박할 수 없으며, 쉽게 잊히지 않는다.

앞서 말했듯이 행간걸침은 시인이 시의 속도를 늦추거나 박차를 가할 수 있도록 돕는다. 시 쓰기의 다른 모든 장치처럼 행간걸침도 커다란 유연성을 발휘하면서 여러 방식으로 적용되어 독자에게 다양한 영향을 미칠 수 있다. 하나의 행은 문법적으로 완결된 문장이거나 적어도 논리적 단위일 수 있다. 혹은, 논리적 구가 완전히 분리되기도 한다. 때로는 논리적 구가 적절해 보이는 지점에서 나뉘어 행의 끝에서 독자에게 일시적 만족감을 준 뒤 다음 행에서 정보를 마저 제공하며 이전 행을 다시 전개시키는 방식도 있다. 이 정보는 단순히 앞 내용을 이어주기도 하고, 예상치 못한 반전을 제공하기도 한다. 이 시에서 "a red wheel"이 "a red wheel/ barrow"로, "glazed with rain"이 "glazed with rain/ water"로 완성되는 두 연이 바로 그러한 전개 방식을 보여준다. 즐거운 순간이다. 우리가 시를 읽는 동안 하나의 세계가 만들어지는 것이다. 이 시는 우리 눈앞에서 일어나는 일이다.

행간걸침은 심각하거나, 걸림돌이 되거나, 심지어 고통스러울 **수도** 있다. 그러나 「빨간 손수레」에서는 그렇지 않다. 그럼에도 행간걸침은 이 시의 핵심적인 기계장치로 어조를 결정한다. 각 행 끝에서 느껴지는 다양한 만족감과 호기심은 정교하고 매력적이다. 긴장의 끈을 늦추지 못하게 만든다. 이를 통해 시는 조금씩, 마치 어떤 달콤한 것의 포장지가 벗겨지듯 열려 간다. 하나의 작고, 완벽하게 초점이 맞추어진 장면이—경이롭게도!—오직 언어로써 창조되고, 우리는 시의 끝에서 그것을 아주 또렷하게 본다. 그리고 우리는—경이롭게도!—**그것을 아주 또렷하게 보고 있는 자신을 본다.** 무엇보다도 이 시는 단지 광대한 세상에서 길어낸 하나의 마법 같은 순간만을 기념하는 데 그치지 않고, 상상력의 정교함과 힘, 그리고 그 찬란한 재료인 언어를 함께 찬미한다.

어법, 어조, 목소리

"말조심해!" 속어나 욕설을 사용하는 사람이 흔히 듣게 되는 비난이다. 여기서 말조심을 하라는 건 말을 가려서 하라는 뜻이다. 이와 마찬가지로 시의 **어법**Diction은 단어 선택을 의미한다.

글쓰기에서 어법은 주제 선정, 이미지 사용, 시의 설계 등을 포함한 다른 요소들과 더불어 전체적인 **어조**Tone를 결정한다.

목소리Voice라는 용어는 시에서(대화 부분은 제외하고) 시인을 대신하여 이야기하는 화자를 의미한다. 이 목소리, 즉 시의 화자는 흔히 **페르소나**라고도 불린다.

현대시

시인은 아니, 사실 모든 작가는, 단어를 선택할 때 여러 요소를 고려한다—단어의 **소리**, 단어의 **정확성**, 그리고 단어가 지닌 **함축**. 시의 분위기는 단어 선택에 의해 결정된다고 할 수 있다.

단어의 소리에 대해서는 앞에서 이미 이야기했다. 그리고 시에서 언어의 정확성이 얼마나 중요한지에 대해서는 길게 설명할 필요가 없기를 바란다. 그렇다면 곧장 세 번째 요소인 함축에 대한 논의로 넘어갈 수 있을 것이다.

앞에서 언급했듯이, 미국 시의 전통적 뿌리는 일상 세계와는 **다른** 격식을 갖추고 있었다. 운율 구조 또한 그 격식의 일부였다. **의도적** 형식도 또 다른 일부였다.

그에 비해 오늘날의 현대시는—물론 모든 시가 그렇다는 건 아니지만—형식적으로 구성되었다는 사실을 거의 감추는 듯한 단어 선택을 한다. 전반적인 어조는 자연스럽고 친근하며, 일상언어와 눈에 띄는 차이가 없다. 그 안에서 우리는 거창하지도, 지나치게 격식을 갖추지도 않은 단어들을 발견한다. 시인들이 명확하고 독자가 쉽게 다가갈 수 있는 시를 쓰려는 노력을 기울인 것이다.

또한 단어들이 그리 복잡하지 않은 어순으로 배열되어 있다. 일상에서 쓰는 언어와 비슷한 방식이다. 스타일은 정교하거나, 매력적이거나, 자의식이 강하거나, 수사적이지 않다. 대부분의 시가 단어들의 **간결**하고 조화로운 배열, 소박하고 호감 가는 구성으로 이루어진다.

그런 시들과 독자 사이에 조성되는 정서적 분위기는 아마 신뢰감일 것이며 나아가 친밀감까지도 가능하다. 독자는 그 시들이 자신에게 이야기하는 듯이 느낄 수도 있다. 좋은 친구가 보내온 편지와도 같을 것이다.

이런 친근한 어조는 저절로 생겨나진 않는다. 시인이 의도적으로 만들어낸 결과다. 그리고 물론, 이것이 현대시의 유일한 양식은 결코 아니지만 주요 경향 중 하나이자 어쩌면 가장 중심적인 스타일이라고 해도 과언은 아니다. 이렇듯 소박한 말로 쓰인 시 안에서, 시인은 훌륭한 기량과 신중한 속도로 '교수' 역할에서 동료 시민이자 이웃, 친구의 역할로 옮겨 왔다.

"i am accused of tending to the past."
―LUCILLE CLIFTON

i am accused of tending to the past
as if i made it,
as if i sculpted it
with my own hands. i did not.
this past was waiting for me
when i came,
a monstrous unnamed baby,
and i with my mother's itch
took it to breast
and named it

History.

she is more human now,

learning language every day,

remembering faces, names and dates.

when she is strong enough to travel

on her own, beware, she will.

"나는 과거를 돌본다는 비난을 받는다."

―루실 클리프턴

나는 과거를 돌본다는 비난을 받는다
마치 내가 그것을 만들기라도 한 듯,
마치 내가 그것을
내 두 손으로 조각한 듯. 그러지 않았다.
그 과거는 내가 왔을 때
나를 기다리고 있었다,
이름조차 없는 거대한 아기처럼,
그리고 나는 모성애에 이끌려
그것을 품에 안고
이름을 지었다
역사.

그녀는 이제 더 인간답다,
매일 언어를 배우고
얼굴과 이름, 날짜들을 기억하려 애쓴다.
그녀가 혼자 여행할 만큼 강해지는 날이 오면,
조심하라, 그녀는 떠날 것이니.

그리하여 시 뒤에서 한 **사람**, 온전히 **알 수 있는** 인물의 분명한 존재감이 느껴진다. 사실상 이 시라는 것의 존재 이유 중 하나가 작가에 대한 정보—그 정보가 사실이든 아니든—를 독자에게 전달하는 것처럼 보이는 경우가 빈번하며, 때로는 작가의 삶에서 가장 내밀한 부분까지 말해주기도 한다.
　나는 이런 글쓰기 방식이 좋다거나 나쁘다는 판단을 내리려는 것이 아니다. 다만, 그것이 존재한다는 것—그리고 이 시대의 흔한 양식이라는 사실을 말하고 싶다. 이런 종류의 시는 새내기 시인들이 접하기 쉽고 따라서 모방하기 쉬운 유형이기도 하다.
　이렇듯 시 뒤에 '알 수 있는' 사람이 존재하는 것에는 두 가지 결과가 따를 가능성이 크다. 첫째, 예전에는 시인이란 존재가 다소 신비롭고 멀게 느껴졌던 데 반해 이제는 평범하고 '알 수 있는' 인물이라는 인식이 생기면서 아주 많은 사람이 시를 쓰고자 하는 용기와 희망을 품게 된 듯하다. 시인에 대한 이러한 새로운 개념은 누구든 시 쓰기에 동참할 수 있도록 환영해

주며, 오늘날의 시대정신 또한 참여를 장려한다.

둘째, 솔직하고 진실을 드러내는 문서로서 시라는 '형식' 자체가, 개인적이고 공동체적인 삶에 대해 있는 그대로 밝히고자 하는 사람들에게 시기적절한 격려가 되었을 법하다. 이를테면 여성 작가나 아프리카계 미국인 작가, 또는 선주민 작가처럼 시를 통해 젠더나 민족적 진실을 강력하고 웅변적으로 드러낸 경우들이 여기 해당한다. 물론 이 한 가지 요인에 의해서만 이루어진 일은 결코 아니며, 문학에서 혁신은 반드시 사회 전체 분위기에서 비롯된 많은 불꽃으로부터 불붙게 되어 있다. 하지만 신기하고 경이롭기까지 한 사실은 이 목소리들이 간절히 말하고자 할 때 그러한 목적에 잘 어울리는 구조와 분위기를 지닌 시 스타일이 존재했다는 것이다. 아주 평범하고 단순해 보이는 시 스타일은 과거의 격식을 갖춘 시에는 도전할 엄두를 내지 못했을 많은 사람에게 시를 써볼 용기를 줄 수 있었다.

이런 종류의 현대시는 수많은 시인에 의해 특별한 방식으로 다듬어지고 또 다듬어져왔다. 그리고 그중 가장 훌륭한 시들은 특정한 것, 지역적인 것, 개인적인 것의 경계를 넘어―모든 훌륭한 시가 마땅히 그래야 하듯―결국에는 시인 자신의 삶뿐 아니라 우리 모두의 삶에 대해 무언가를 이야기하는 '우화'로 확장된다. 더욱이 이 시들은 격식에서 자유로우면서도 잘 '작동'한다. 이 시들은 하나의 구체적인 사례를 자연스럽게 뛰어넘어 본보기가 되며 의심할 바 없는 보편적 의미로 빛난다.

설계, 어조, 열정—이 모든 것이 여기서도 제 역할을 훌륭하게 해낸다.

Workday

—LINDA HOGAN

I go to work

though there are those who were missing today

from their homes.

I ride the bus

and I do not think of children without food

or how my sisters are chained to prison beds.

I go to the university

and out for lunch

and listen to the higher-ups

tell me all they have read

about Indians

and how to analyze this poem.

They know us

better than we know ourselves.

I ride the bus home

and sit behind the driver.

We talk about the weather

and not enough exercise.

I don't mention Victor Jara's mutilated hands

or men next door

in exile

or my own family's grief over the lost child.

When I get off the bus

I look back at the light in the windows

and the heads bent

and how the women are all alone

in each seat

framed in the windows

and the men are coming home,

then I see them walking on the Avenue,

the beautiful feet,

the perfect legs

even with their spider veins,

the broken knees

with pins in them,

the thighs with their cravings,

the pelvis

and small back

with its soft down,

the shoulders which bend forward

and forward and forward

to protect the heart from pain.

평일

―린다 호건

나는 출근한다
오늘 집에서 사라진 이들이
있음에도.
버스를 타고
굶주리는 아이들 생각은 하지 않는다
감방 침대에 묶인 내 자매들도.

나는 대학에 가고
점심을 먹으러 나가
윗사람들 이야기를 듣는다

그들이 인디언에 대해
읽은 모든 것과
이 시를 어떻게 분석해야 하는지를.
그들은 우리를
우리가 자신을 아는 것보다 더 잘 안다.

나는 집으로 돌아가는 버스에서
기사 뒷자리에 앉는다.
우리는 날씨에 대해
운동 부족에 대해 이야기한다.
나는 말하지 않는다 빅토르 하라의 훼손된 손
망명 중인
옆집 남자들
아이를 잃어버린 우리 가족의 슬픔에 대해.

버스에서 내릴 때
나는 불빛 비친 창문을 돌아본다
숙인 머리들,
좌석마다
창문이라는 액자에 담겨
홀로 앉은 여자들
그리고 집으로 돌아가는 남자들,

그들이 거리를 걷는 모습을 본다,

아름다운 발들,

완벽한 다리들

터진 실핏줄이 있어도,

철심 박은

부러진 무릎들이 있어도,

갈망을 품은 허벅지들,

골반

부드러운 솜털이 난

작은 등,

그리고 앞으로 앞으로

또 앞으로 굽은 어깨

고통으로부터 심장을 지키기 위해.

"소극적 수용력 Negative Capability"

 소극적 수용력은 현대적 개념이 아니라 키츠John Keats에게서 유래한 표현이다. 키츠는 시인이란 모름지기 소극적인 힘이어야 한다는 단순하면서도 중대한 생각을 내놓았다. 즉, 시인은 스스로 소극적이거나 어떤 식으로든 비워진 상태가 됨으로써 시의 주제에 대한 이해나 공감 혹은 감정이입으로 자신을 채

울 수 있다는 것이다. 그는 남동생들에게 보낸 편지*에 이렇게 썼다.

> 나는 특히 문학계에서 위대한 성취를 이루게 해주는 자질, 셰익스피어도 풍부하게 지녔던 **소극적 수용력**의 중요성을 깨달았어. 그건 사실이나 논리를 성급하게 추구하지 않고 불확실함이나 신비, 의심의 상태를 유지할 수 있는 능력이지…….

그리고 덧붙인다.

> 콜리지는, 이를테면 신비의 심장부에서 잡아낸 고립된 사실성을 놓아버렸지. 그는 반쪽짜리 지식에 만족하는 능력이 없었거든. 여러 권의 책을 통해 이에 대해 연구한다고 해도 결국 우리가 도달하게 될 결론은, 위대한 시인에게는 아름다움에 대한 감각이 다른 모든 고려 사항을 압도하거나 아예 지워버린다는 사실일 거야.

다른 편지에서 키츠는 자신의 방 창밖에서 부스러기를 쪼아

---

* 하이더 에드워드 롤린스 엮음, 『존 키츠의 편지들The Letters of John Keats Volume 1』(케임브리지 하버드대학 출판부, 1958), 193쪽.

먹는 참새의 삶에 '참여하는' 것에 대해 쓴다. 그는 또 다른 편지에서 이렇게 말한다. "시인은 이 세상에서 가장 시적이지 않은 존재야. 왜냐하면 시인에겐 정체성이 없거든. 그는 끊임없이 다른 존재 속으로 들어가 그 몸을 채우는 일을 하니까……."*
키츠 자신도 생물과 무생물의 구분에 얽매이지 않았다. 그의 친구 리처드 우드하우스는 키츠가 이렇게 말했다고 전한다. "나는 당구공이 자신의 둥글고 매끄러운 생김새, 그 유창함과 빠른 움직임에서 기쁨을 느낀다고 상상할 수 있어."**

그때와 마찬가지로 지금도 소극적 수용력이라는 개념은 본질을 관통한다. 어느 시대든 시의 어법은 진짜 감정의 본질적 특성을 담아 독자에게 전달하는 매개가 된다. 그것 없이는 시가 생겨날 수 없다. 그리고 이 점에 대해 키츠만큼 유익하고 경이롭게 말한 사람은 존재하지 않는다. 그의 논평은 날마다 떠오르는 태양만큼이나 새롭고 영원하다.

---

* 같은 책, 「리처드 우드하우스에게 보낸 편지 Letter to Richard Woodhouse」, 1818년 10월 27일.
** 같은 책, 「리처드 우드하우스가 존 테일러에게 보낸 편지 Letter from Richard Woodhouse to John Taylor」, 1818년 10월 27일경.

시의 유형별 분류

서정시 | The Lyric Poem

오늘날 가장 대중적인 시 형식은 비교적 짧은 서정시다. 여기서 비교적 짧다는 말은 대개 60행 정도나 그보다 짧은 경우를 뜻한다. 현대 시집을 펼쳐보면 아주 길거나 극히 짧은 시보다는 이 길이와 유형의 시가 얼마나 많은지 금세 알 수 있다.

서정시는 간결하고 농축되어 있으며, 대개 하나의 주제와 초점, 목소리만을 담는다. 또한 복잡하고 인위적인 음악성보다는 단순하고 자연스러운 리듬을 지향한다. 단순한 용수철과 다름없이 몇 마디 명료한 시구로 에너지를 분출하려 도사리고 있다.

이야기시 | The Narrative Poem

이야기시는 일반적으로 서정시보다 길며, 어조가 서정시처럼 단단하게 감긴 힘을 갖고 있지 않다. 이야기시는 논리적이고, 유머를 선사하기 위해 잠시 멈췄다가 천천히 묘사를 펼쳐간다. 독자가 읽기에 편안한 속도를 유지하고, 순차적인 사건들을 즐길 수 있도록 돕는다. 서정시를 읽을 때는 이따금 소용돌이에

휘말린 기분을 느낄 수도 있지만, 이야기시는 편안함을 준다. 이야기에 몰입하여 몇 시간씩 감상할 수 있고, 가끔 황홀경에 빠지기도 한다. 우리는 이야기를 사랑한다. 이야기만큼 깊이 사랑하는 것은 없다. 서사는 모든 문학의 핵심이다.

휘티어의 「눈에 갇혀Snowbound」는 이야기시다. 키츠의 「성 아그네스 축일 전야」, 월터 드 라 메어의 「듣는 이들The Listener」, 로버트 펜 워런의 「빌리 포츠의 발라드The Ballad of Billie Potts」도 이야기시에 해당한다.

장시 | The Longer Poem

이제 서사시epic를 쓰는 사람은 없다. 하지만 시인들은 여전히 긴 분량의 야심 찬 시를 쓴다. 이런 시에는 중심 사상과 여담이 있고, 여러 목소리가 담기는 경우가 빈번하다. 대개는 특정 주제에 따라, 또 시인의 의도에 따라 다양한 종류의 글쓰기 형식을 아우른다. 이런 장시에는 20세기의 대표적 걸작들이 포함되는데, 윌리엄 칼로스 윌리엄스의 「패터슨Paterson」, 아치볼드 매클리시의 「정복자Conquistador」, 로버트 펜 워런의 「오듀본: 하나의 시선」, 하트 크레인의 「다리The Bridge」, T. S. 엘리엇의 「황무지The Waste Land」 등이 있다.

긴 시라고 해서 모두 서사시인 것은 아니다. 서사시는 고상한 주제를 다루고, 유기적 통일성을 지니며, 영웅적 인물 혹은 인물들이 등장하면서 질서 있게 사건이 전개된다.* 「베어울프」와 같은 작품이 서사시이며, 「일리아드」와 「오디세이」도 마찬가지다.

산문시 | The Prose Poem

산문시는 최근에 등장한 형식으로 아직까지 전통이 뿌리내리지 않아 명확한 정의를 내리기 어렵다. 종이 위의 이 짤막한 활자 덩어리는 한두 문단으로 이루어져 있고 한 페이지가 넘는 경우는 드물다. 겉보기엔 산문처럼 보인다. 등장인물이 있는 경우도 있지만 그렇지 않은 경우도 있다. 대개는 순수한 묘사로 이루어진다. 그러나 시 특유의, 세속적이지도 연속적이지도 않은 시간 감각을 갖고 있다. 또한 독자에게 다른 시들을 읽을 때처럼 집중력과 상상력, 실험 정신을 발휘해주기를 요구한다.

산문시는 짧기 때문에—혹은 시와 다른 무엇이기 때문에—서술보다는 상황을 중심에 놓는 경우가 흔하다. 산문시에서는 큰 사건이 **일어나지는** 않지만, 신선하고 강렬한 언어로 인해 독자에게 무언가가 일어난다. 즉, 산문시의 '상황'에 대한 독자의

---

* 아리스토텔레스가 그렇게 말했다.

감정적 반응이 신선하고 강렬해지는 것이다.

산문시에서 특히 흥미로운 점은 **행의 음악성 없이도** 언어를 효과적으로 구사하는 것이다. 산문시의 구문은 특별히 정교하며 힘과 우아함이 결합되어 있다. 실제로 산문시의 산문은 영어라는 언어의 단순한 힘과 무한한 뉘앙스를 유감없이 드러내는 경우가 많다.

산문시 형식에 관심이 있는 시인이라면 먼저 샤를 보들레르와 아르튀르 랭보의 작품을 살펴보는 편이 좋다. 제임스 라이트와 로버트 블라이도 1970년대, 혹은 그 이전부터 산문시를 발표해왔다. 지금은 많은 시인이 이따금씩 산문시를 써내며 그 수는 점차 늘어나고 있다.

부적절한 언어

모든 시는 새로운 창작품이며, 창조의 힘은 종종 뜻밖의 도구를 달콤하게 활용하기 때문에 절대적인 규칙을 정하는 일은 항상 가능할 수도 없거니와 현명하지도 않다. 그러나 분명히 말할 수 있는 건, 거의 모든 시에서 적절한 표현 방식이 있는가 하면 부적절한 표현 방식도 존재한다는 점이다.

시적 어법 Poetic Diction

시적 어법은 신선함이 완전히 사라지고, 신뢰성을 잃은 지 오래이며, '무뎌진' 언어를 일컫는다. 시적 어법을 사용하면 단어와 이미지가 강력한 전기를 잃기에 시의 세계가 상상 속에서 실제로 구축될 수 없다. 시적 어법은 더 이상 기능적인 언어나 이미지가 아니다. 그저 무엇을 의미하는지만 알려주는 기준점에 그친다. 즉, 실제로 존재하지 않는 무언가의 대리물일 뿐이다. 우리는 그런 언어를 들었을 때 반응하지 않는다. 단지 범상한 반응의 낡은 제스처를 취할 따름이다. 그보다 빨리 시를 죽이는 건 없다. 모름지기 시란 제대로 작동한다면, 상상력을 통해 경험되는 진술이어야 하며 조건반사가 아닌 진짜 반응을 이끌어내야 한다.

시적 어법의 언어는 낭만적이며 이미지들을 자연계에서 끌어온다. 숲은 '은둔의 정원'이라 불리고, 들판은 '에메랄드 카펫', 나무는 드루이드나 정치인처럼 묘사되며, 달빛은 강물이 되고, 새들은 합창단의 일원이 되며, 태양은 하늘의 눈, 바다는 짠 침대가 된다. 이 모든 말이 고물들의 집합이다. 이런 언어는 진부하고, 의도하지 않은 웃음을 주며, 공허하다. 반드시 피해야 한다.

클리셰 Cliché

클리셰는 다른 어떤 글쓰기에서나 마찬가지로 시에서도— 나쁘다. 클리셰에 대한 시를 쓰는 경우가 아니라면 클리셰를 사용하지 말아야 한다.

도치

도치, 즉 단어의 정상적인 어순을 바꾸는 것은 일반적으로 나쁘게 여겨진다. 물론 반드시 그런 것은 아니다. 도치가 유효할 때 우리는 그것을 높이 평가한다. 그러나 효과적이지 않을 때는 지나치게 눈에 띄며, '정상적이지 못하고' 비틀린 느낌을 준다. 그러면 독자는 원래의 익숙한 어순—주어/술어, 주어/술어 구조—로 되돌리고 싶어진다.

나쁜 도치는 주로 운율시에서 나타나는데, 특히 압운을 맞춘 운율시에서 두드러진다. 시인이 어떤 문장을 도치시킨 이유가 금세 보일 때가 있다—운을 맞출 수 있는 방법이 그것밖에 생각나지 않아서이다.

하지만 도치는 자유시에서도 일어난다. 그리고 도치된 행은 항상, 마치 약강격을 강약격으로 바꾼 것처럼 독자의 주의를 끈다.

어떤 행을 특별히 강조하고 싶거나 문장을 변형해 뚜렷한 효과를 노리는 경우가 아니라면 왜 그런 시도를 하며 꼭 그래야만 하는지 자문해보는 편이 좋다. 훌륭한 도치는 멋지다. 그러나 훌륭한 도치를 이루어내기란 쉽지 않다. 반면, 나쁜 도치는 결코 멋질 수 없고, 달성하기가 그리 어렵지도 않다.

정보 전달용 언어

시를 쓸 때 사용하지 말아야 할 언어 유형이 있다. 나는 그것을 정보 전달용 언어라고 부른다. 예컨대 깡통 따개 설명서를 쓸 때 사용하는 언어다. 이 언어는 간결하고 엄격하다. 정확한 단어들을 사용해야 한다. 절대로 중의적 그림자를 드리워선 안 된다. 이 언어는 차갑다. 기능적 목적 외에 어떤 영역도 추구하지 않는다.

적절한 언어

구문 Syntax

올바른 구문은 누구에게도 해가 되지 않는다. 정확한 문법과 우아하고 힘 있는 구문은 시가 지녀야 할 활력을 불어넣는다. 시인이 명시적으로 말하진 않으면서 독자가 느끼길 바라는

'어떤' 중대한 것을 암시하려는 시도인 생략은 일종의 약한 구성이다. 현수구懸垂句 dangling phrase, 문장의 나머지 부분과 적절히 연결되지 못한 채 떠 있는 수식어구도 마찬가지다. 동사가 없는—그래서 행동도 없고 배치도 없는—구는 배를 띄우기보다는 가라앉힐 가능성이 크다.

형용사와 부사가 5센트의 가치를 지닌다면, 동사는 50센트의 가치가 있다.

습관보다 다양한 표현을

좋은 글쓰기는 재료의 다양성에서 힘을 얻는다.

나는 언젠가 명사, 동사, 심지어 형용사까지 모두 두 번씩 반복된 시를 받아본 적이 있다. 전부 그랬다. 이런 글쓰기가 밝혀내는 건 단 하나뿐이다—아직 발견되지 않은 나쁜 습관. 창작교실의 진정한 가치 한 가지는 누군가가 당신의 흐리멍덩하고, 단조롭고, 고착화된 습관을 발견하고 지적해줄 가능성이 있다는 것이다. 이야말로 당신이 스스로 하거나 누군가에게 당신을 위해 해달라고 간청해야 할 가장 중요한 일 중 하나다. 그렇게 생각하지 않는다면, 다시 진지하게 숙고해보길 권한다.

단순함이냐 복잡함이냐

때때로 나는 이렇게 불평하는 학생들을 본다. "선배들은 항상 단순하고, 참신하고, 명료하게 써야 한다고 말하면서 정작 본보기로 제시하는 시들은 매우 정교하고, 복잡하고, 난해해요." 이 말은 사실이다. 그 이유는 다음과 같다: (1) 새내기 시인은 우선 단순하고 참신하며 명료한 방식으로 시를 구성하는 법을 배워야 하고 (2) 그러고 나면 그 시인은 더 이상 초보가 아니므로 정교하고 복잡하고 난해한 작품을 써나갈 수 있게 된다.

주의의 말

마지막으로, 앞 장의 끝에서도 강조했던 중요한 경고에 대해 다시 말하고자 한다. 언어는 활기차고 유연하며 살아 있는 재료다. 시를 쓰는 데 있어 어떤 것이 잘 쓰여 의도한 효과를 낸다면 결코 틀렸다고 볼 수 없다. 이 말은 시 쓰기의 모든 기법에 해당되며 어법, 어조, 목소리도 마찬가지다. 우리는 수많은 시에서 중요한 본보기를 얻을 수 있고, 뛰어난 작가들에게서 훌륭한 가르침을 얻을 수 있으며, 자신의 건전한 상식에도 기댈 수 있다. 우리는 많은 것을 알 수 있다. 그리고 여전히 어디에선가 무모하면서도 경이로운 아이디어들이 싹트고 있으며, 우리의 앞날에는 무수한 놀라움이 기다리고 있다.

이미지

시의 언어는 구체성의 언어다. 그렇지 않다면 시는 여전히 지혜로울 수는 있을지라도 창백해질 것이 분명하다. 빈약해지고 말 것이다. 시에 생동감과 섬세함, 그리고 진정성을 부여하는 것은 이미지가 담긴 구체적이고 감각적인 언어다. 메리앤 무어는 시를 "진짜 두꺼비가 있는 상상의 정원"이라 불렀다.

그건 어떻게 이루어지는가? '구체성'이란 무엇을 뜻하는가? 이미지란 무엇인가? 그리고 이러한 비유적 언어는 어떻게 작동하는가?

이미지란 일반적으로 한 사물을 다른 사물로 나타내는 것을 뜻한다. 조각상도 하나의 이미지다. 로버트 번즈가 "오, 나의 사랑은 붉디붉은 장미 같아"라고 썼을 때, 장미는 하나의 이미지이고, 번즈는 이미지를 사용한 것이다. 만약 그가 "내 사랑은 상냥하고, 길들여지지 않고, 멋지고, 당신도 좋아할 만한 여자"라고 썼다면, 그것은 묘사적 언어이지 이미지 표현은 아니다. 두 번째 문장에는 사랑하는 사람을 나타내는 이미지가 없다.

비유적 언어란 곧 이미지 언어다. 비유적 언어라 함은 시 속에 어떤 형상—즉 이미지—이 존재한다는 뜻이며, 이는 어떤 대상을 구체적이고 문자 그대로가 아닌 방식으로 의미 있게 나타내는 것이다. '어떤 대상'은 사람일 수도, 사물일 수도 있으며 추상적 개념일 수도 있다. 예컨대 인내라는 개념을 기념비 위의 인물로 표현할 수도 있다—곧, 돌처럼 끈기 있는 성질로 나타내는 것이다.

보통 이 용어는 은유metaphor, 직유simile, 인유allusion, 의인personification 같은 특정 표현 기법을 지칭할 때 쓰인다.* '비유적 표현'은 바로 이러한 비유적 언어의 한 예라고 할 수 있다.

이런 표현은 로버트 번즈의 장미처럼 직선적일 수도 있고, 예이츠의 시「재림」마지막 행처럼 복잡할 수도 있다.

> And what **rough beast**,** its hour come round at last,
> Slouches towards Bethlehem to be born?

> 그리고 어떤 **거친 짐승**이, 마침내 때를 맞이하여,
> 태어나기 위해 베들레헴을 향해 웅크린 채 다가올까?

또한 시는 반드시 상세성을 본질적 특성으로 갖추어야 하

---

* 이 용어에 대한 정의는 이 장 뒷부분에서 다루겠다.
** 강조는 내가 임의로 사용한 것이다.

며, 이는 독자가 시 속 상상의 세계로 들어가는 진입로가 되어 준다. 나는 이를 시의 질감이라 부른다. 여기에서 '구체성'이 중요한 역할을 한다.

시의 구체성과 질감

'그 사과' 혹은 '그 복숭아'라는 말을 사용할 때, 우리는 어떤 **사물**을 나타낸다. 이 둘은 아주 구체적인 표현은 아니지만, 적어도 '과일'이라는 단어보다는 시각적이다. '과일'은 단지 정보를 전달할 뿐, 독자의 머릿속에 구체적인 이미지를 만들어내지는 못한다.

만일 정관사를 제거하고 그냥 '사과' 혹은 '복숭아'라고 하면 우리는 구체성에서 멀어져 추상으로 향한다. 독자는 '그 사과'나 '사과 한 알'은 마음속에 떠올릴 수 있지만, '사과'는 모든 사과를 의미하는 단어 하나일 뿐 구체적인 사물이 아니다. 따라서 시각화될 수 없고, 상상 속 현실에서 사라져버린다. 세상은 감각적인 세부로 가득 차 있다. 시 역시 그러한 감각적 세부를 필요로 한다.

'나무에 남은 마지막 사과' 혹은 '새벽빛처럼 분홍색을 띤 조그마한 복숭아 하나'라고 쓸 때, 우리는 비로소 구체적인 것들을 다루기 시작하며, 시의 질감을 형성하게 된다.

지금이 엘리자베스 비숍의 시 「물고기The Fish」를 읽기에 적절한 순간이다. 이 시에 등장하는 은유와 직유 같은 표현 기법에 대해선 나중에 이야기하겠다. 이 시에는 질감이 존재한다. 시인은 물고기의 수많은 세부 사항을 독자에게 제공하며, 이러한 질감은 이 시에서 결정적인 중요성을 지닌다. 사실 이러한 질감은 모든 시에 필수적이다. 시를 단순한 진술이 아닌 하나의 체험으로 만들어주는 요소이기 때문이다.

The Fish

—ELIZABETH BISHOP

I caught a tremendous fish
and held him beside the boat
half out of water, with my hook
fast in a corner of his mouth.
He didn't fight.
He hadn't fought at all.
He hung a grunting weight,
battered and venerable
and homely. Here and there
his brown skin hung in strips

like ancient wallpaper,

and its pattern of darker brown

was like wallpaper:

shapes like full-blown roses

stained and lost through age.

He was speckled with barnacles,

fine rosettes of lime,

and infested

with tiny white sea-lice,

and underneath two or three

rags of green weed hung down.

While his gills were breathing in

the terrible oxygen

—the frightening gills,

fresh and crisp with blood,

that can cut so badly—

I thought of the coarse white flesh

packed in like feathers,

the big bones and the little bones,

the dramatic reds and blacks

of his shiny entrails,

and the pink swim-bladder

like a big peony.
I looked into his eyes
which were far larger than mine
but shallower, and yellowed,
the irises backed and packed
with tarnished tinfoil
seen through the lenses
of old scratched isinglass.
They shifted a little, but not
to return my stare.
—It was more like the tipping
of an object toward the light.
I admired his sullen face,
the mechanism of his jaw,
and then I saw
that from his lower lip
—if you could call it a lip—
grim, wet, and weaponlike,
hung five old pieces of fish-line,
or four and a wire leader
with the swivel still attached,
with all their five big hooks

grown firmly in his mouth.
A green line, frayed at the end
where he broke it, two heavier lines,
and a fine black thread
still crimped from the strain and snapped
when it broke and he got away.
Like medals with their ribbons
frayed and wavering,
a five-haired beard of wisdom
trailing from his aching jaw.
I stared and stared
and victory filled up
the little rented boat,
from the pool of bilge
where oil had spread a rainbow
around the rusted engine
to the bailer rusted orange,
the sun-cracked thwarts,
the oarlocks on their strings,
the gunnels—until everything
was rainbow, rainbow, rainbow!
And I let the fish go.

나는 거대한 물고기 한 마리를 낚아

배 옆에

물 밖으로 반쯤 끌어 올린 채로 붙잡고 있었지

낚싯바늘이 물고기 입 한쪽 구석에 단단히 박혀 있었어.

그는 저항하지 않았어.

처음부터 아무 저항이 없었지.

그는 끙끙대며 무겁게 매달려 있었어,

상처투성이였지만 위엄이 있었고

투박했지. 갈색 피부는 여기저기

낡은 벽지처럼 너덜너덜 찢긴 채

늘어져 있었고,

더 짙은 갈색 무늬는

마치 벽지 같았지.

만개한 장미꽃 무늬가

세월에 바래고 얼룩진 모습이었어.

석회질의 섬세한 장미꽃 모양

따개비들이 다닥다닥 붙어 있었지,

거기 작고 흰 물벼룩이

득실거렸고,

그 밑에는 두세 조각

초록 해초가 넝마처럼 늘어져 있었어.

그의 아가미는 끔찍한 산소를

들이마시고 있었어
—그 섬뜩한 아가미,
피로 물들어 신선하고 날카로웠지,
심하게 베일 수도 있었어—
나는 생각했어, 깃털처럼 빼곡한
거칠고 흰 살,
굵은 가시와 잔가시들,
그리고 반짝이는 내장의
극적인 붉은색과 검은색,
큰 작약 같은
분홍색 부레.
나는 그의 눈을 들여다보았어
그 눈은 내 눈보다 훨씬 컸지만,
더 얕고 누르스름했지,
변색된 은박지 조각
겹겹이 쌓인 홍채가
낡고 긁힌 부레풀
렌즈 너머로 보였어.
그 눈은 살짝 움직였지만
나를 마주 보는 건 아니었어.
—그보다는 빛을 향해
살짝 기울어지는 물체 같았지.

나는 그의 무뚝뚝한 얼굴에 감탄했어,

그 턱의 구조에,

그러고는 보았지

그의 아랫입술에

―그걸 입술이라고 부를 수 있다면―

음산하고, 축축하고, 무기처럼 생긴 그곳에

다섯 가닥의 낡은 낚싯줄이

아니, 네 가닥의 줄과

아직도 회전 고리가 붙어 있는

와이어 리더 하나가 매달려 있는 걸,

다섯 개의 큼직한 낚싯바늘이

그의 입에 단단히 박혀 있었지.

그가 잘라낸 끝부분이 너덜너덜해진

초록 줄 하나, 더 묵직한 줄 두 개,

가느다란 검은 줄 하나는

그가 팽팽하게 당겼다가 끊고 도망쳤을 때

늘어나서 아직도 주름진 상태였지.

마치 너덜너덜해진 채 너울거리는

리본 달린 훈장처럼 보이는,

그의 아픈 턱에 늘어진

지혜의 다섯 가닥 턱수염.

나는 바라보고, 또 바라보았어

그리고 승리가 그 빌린

작은 배 안을 가득 채웠지,

배 밑바닥에 고인 물웅덩이에서

기름이 번져 무지개를 만든

녹슨 엔진 주변부터

주황빛으로 녹슨 바가지까지,

햇볕에 쩍쩍 갈라진 가로장까지,

끈에 매달린 노걸이들까지,

뱃전 가장자리까지―온통

무지개, 무지개, 무지개!

그래서 나는 그 물고기를 놓아주었어.

  키츠는 「나이팅게일에게 바치는 송가」보다 훨씬 짧은 시 안에 그 새의 노랫소리와 그에 대한 자신의 생각을 담을 수도 있지 않았을까? 하지만 그렇게 했더라면 우리는 그 시의 질감―즉 분위기와 아주 구체적인 세부들, 키츠와 함께 정원에 앉아 들판을 따라 퍼져나가는 새의 노랫소리를 느끼는 기분, 그 달콤함과 멜랑콜리, 그리고 거기서 피어나는 수많은 질문들―을 체험할 수 없었을 것이다.

  나는 시에서 질감이라는 요소만큼 본질적인 부분은 없다고 생각한다. 물론 질감이 얼마나 필요한지는 여러 요소에 따라 달라지고, 시의 전개 속도나 시인의 역량에 따라서도 달라진다. 휘트먼은 단 한 행만으로도 독자를 시가 펼쳐지는 장소로 데려다준다.

> Over the sharp-peak'd farm house, with its scallop'd scum and slender shoots from the gutters,
>
> 뾰족지붕 농가 위, 홈통에는 가리비 모양 물때가 끼고 가느다란 새순이 돋고,
>
> —「나 자신의 노래 Song of Myself」 33절에서

> The shape of the step-ladder for the convicted and sentenced murderer, the murderer with haggard face and pinion'd arms,
>
> 유죄판결과 사형선고를 받은 살인자를 위한 발판의 형상, 초췌한 얼굴을 하고 팔이 묶인 살인자,
>
> —「큰 도끼의 노래 Song of the Broad Axe」 10절에서

그렇다. 많은 분량이 필요한 건 아니지만, 세부 사항을 지속적으로 포착하고 기록해내려면 밝은 눈과 능숙한 손이 필요하다. 나는 스탠리 쿠니츠의 시 「순환 The Round」을 읽으면서 시인

이 꽃을 향해 가까이, 더 가까이 몸을 기울이는 모습을 떠올린다. 그리하여 시인은 빛이 꿀벌들 위로 흘러가는 것만이 아니라 그 이상을 본다.

>down blue-spiked veronica
>
>light flowed in rivulets
>
>over the humps of the honeybees;
>
>베로니카 푸른 꽃대 타고
>
>빛이 가느다란 실개천처럼 흘러내렸어
>
>꿀벌들의 혹 너머,

시인은 단지 시를 쓰는 데 그치지 않고 자신이 시의 주제로 삼은 세계를 세심하게 관찰해야 한다. 어떤 시가 얄팍하고 빈약하게 느껴진다면 시인의 어휘력이 부족해서가 아니라 꽃들 사이에 오래 머물지 않아서, 그래서 그 꽃들을 새롭고 흥미롭고 유효한 방식으로 보지 못했기 때문이다.

The Round

—STANLEY KUNITZ

Light splashed this morning

on the shell-pink anemones

swaying on their tall stems;

down blue-spiked veronica

light flowed in rivulets

over the humps of the honeybees;

this morning I saw light kiss

the silk of the roses

in their second flowering,

my late bloomers

flushed with their brandy.

A curious gladness shook me.

So I have shut the doors of my house,

so I have trudged downstairs to my cell,

so I am sitting in semi-dark

hunched over my desk

with nothing for a view

to tempt me

but a bloated compost heap,

steamy old stinkpile,

under my window;

and I pick my notebook up

and I start to read aloud

the still-wet words I scribbled

on the blotted page:

"Light splashed…"

I can scarcely wait till tomorrow

when a new life begins for me,

as it does each day,

as it does each day.

오늘 아침 빛이 후두둑 떨어졌어

높은 줄기 위에서 흔들리는

연분홍 아네모네 위로,

베로니카 푸른 꽃대 타고

빛이 가느다란 실개천처럼 흘러내렸어

꿀벌들의 혹 너머,

오늘 아침 나는 빛이 비단 같은 장미꽃에

입맞춤하는 걸 보았어

두 번째 만개한

나의 늦게 핀 꽃들은

브랜디를 머금은 듯 붉게 물들었지.

묘한 기쁨이 나를 흔들었어.

그래서 나는 집의 문들을 닫았지,

그래서 나는 터벅터벅 아래층 내 방으로 내려갔지,

그래서 나는 어둑한 방에서

책상 앞에 웅크리고 앉아 있어

나를 유혹할

풍경이라고는

창문 아래

부풀어 오른 퇴비 더미,

김이 피어오르는 오래된 악취 더미,

나는 공책을 집어 들고

얼룩진 페이지 위에 휘갈겨 쓴

아직 젖어 있는 단어들을

소리 내어 읽기 시작해

"오늘 아침 빛이 후두둑…"

나는 내일이 몹시도 기다려져

나에게 새로운 삶이 시작될 테니까,

날마다 그랬듯이,

날마다 그랬듯이.

비유적 언어

시의 언어는 또한 어떤 사물을 다른 사물에 견주어 표현하는 언어이기도 하다.

비유적 언어에서는 익숙한 사물이 미지의 사물과 연결된다. 마치 열쇠가 자물쇠를 풀듯 미지의 사물이 지닌 신비(혹은 그 신비의 일부)를 푸는 것이다.

모든 비유에는 반드시 **처음부터 알고 있는 무언가**가 전제되어야 한다. 그래야만 두 사물 간의 연결과 정보 전달이 이루어질 수 있기 때문이다.

이미지는 종종 하나의 시각적 어구로 나타나며, 알려진 사물의 본질을 포착하거나 그려낸다. 은유적 표현에서는 이러한 본질이 확장되어 미지의 사물에 적용된다. 이때 선택된 어구는 적절하다고 여겨지며—즉, 우리는 시인이 그러한 표현을 잘 선택했으리라는 신뢰를 갖고 있다—알려진 사물과 미지의 사물 양쪽 모두에 어울려야 한다. 이렇듯 알려진 사물의 특성이 낯선 사물로 옮겨가는 과정은 한 줄기 빛과도 같다. 우리는 알려진 것의 빛 속에서 미지의 것의 어떤 면을 '보게'(즉, 이해하게) 된다.

Love like a burning city in the breast.

가슴속에서 불타오르는 도시와도 같은 사랑.

—에드나 세인트 빈센트 밀레이,
「치명적인 인터뷰Fatal Interview」 26편에서

O to break loose, like the chinook
salmon jumping and falling back,

아, 벗어나고 싶다, 치누크
연어가 뛰어올랐다가 도로 떨어지듯,

—로버트 로웰, 「일요일 아침 일찍 깨어Waking Early Sunday Morning」에서

또한 이런 이미지는 알려진 어떤 사물을 다른 알려진 사물과 연결함으로써 독자가 무언가를 더욱 또렷하고 인상 깊게 '보도록'(육안으로) 만들기도 한다.

The clouds were low and hairy in the skies,
Like locks blown forward in the gleam of eyes.

하늘엔 털북숭이 구름 낮게 깔려 있었네,

마치 눈빛 속에서 앞으로 휘날리는 머리칼처럼.

—로버트 프로스트, 「어느 날 태평양에서」에서

직유

직유는 문장 속에서 'like'나 'as'라는 단어를 사용한다. 따라서 앞에서 제시한 세 가지 예시는 모두 직유에 해당한다. 어떤 사물이 다른 사물과 '같다like'거나, 어떤 일이 다른 일 '처럼as' 일어난다고 표현하는 것이다. 직유는 명시적으로 분명하게 진술된 비교다.

the child's cry opens like a knife-blade.

아이의 울음이 칼날 퍼지듯 시작되고.

—도널드 홀, 「열두 계절Twelve Seasons」에서

I wandered lonely as a cloud

나는 구름처럼 외로이 떠돌았네

　　　　　　　—윌리엄 워즈워스, 「나는 구름처럼 외로이 떠돌았네」에서

　　　　　When the minted gold in the vault smiles like the night-watch-
　　　　　man's daughter

　　　　　금고 속 주조된 금이 야간 경비원의 딸처럼 미소 지을 때

　　　　　　—월트 휘트먼, 「직업을 위한 노래 A Song for Occupations」 6번에서

은유

은유는 명시적인 비교가 아니라 암시적인 비교다. 즉, 'like' 나 'as'와 같은 단어를 사용하지 않는다. 비교되는 두 대상은 매우 달라 보이는 경우가 빈번하며, 둘 사이의 연결은 독자에게 깨달음뿐 아니라 놀라움과 기쁨까지 안겨준다. 도널드 홀은 이렇게 말한다. "새로운 은유는 기적이다. 생명의 창조와도 같다."*

---

*　『시의 즐거움 The Pleasures of Poetry』(뉴욕 하퍼 앤드 로, 1971), 23쪽.

Little boys lie still, awake,

Wondering, wondering,

Delicate little boxes of dust.

어린 소년들 잠들지 못하고, 조용히 누워,

의아해하네, 의아해하네,

흙으로 만든 작고 연약한 상자들.

—제임스 라이트, 「국방 경제의 약화
The Undermining of the Defense Economy」에서

And she balanced in the delight of her thought,

A wren, happy, tail into the wind,

Her song trembling the twigs and small branches.

그녀는 기쁨 속에서 균형을 잡고 있었지,

바람을 등진, 행복한, 굴뚝새 한 마리,

그 노래는 잔가지와 나뭇가지를 떨리게 했어.

—시어도어 로스케, 「제인을 위한 비가 Elegy for Jane」에서

시 전체에 걸쳐 둘 사이의 비교가 여러 이미지를 통해 반복되고 확장되는 경우 **확장 은유**라고 부른다. 비교가 특별히 기묘하거나 공상적인 경우에는 **기상**conceit이라고도 한다.

의인화

의인화는 무생물이나 추상적인 개념에 인간의 신체적 특성 혹은 내재적 생명력을 부여하는 수사법이다. 제임스 라이트의 시구—"I bowed my head, and heard the sea far off/ Washing its hands 나는 고개를 숙였고, 멀리서 바다가/ 손 씻는 소리를 들었지"(「조류가 느려질 때At the Slackening of the Tide」)—에도 의인법이 쓰였다. 앞서 인용했던 에밀리 디킨슨의 연 마지막 두 행에서도 의인법을 볼 수 있다. "It was not Night, for all the Bells/ Put out their Tongues, for Noon 밤도 아니었네, 왜냐하면 모든 종들이/ 정오를 알리려, 혀를 내밀었으니."

그리고 여기 또 다른 예가 있다.

> The yellow fog that rubs its back upon the window-panes,
> The yellow smoke that rubs its muzzle on the window-panes,
> Licked its tongue into the corners of the evening,
> Lingered upon the pools that stand in drains,
> Let fall upon its back the soot that falls from chimneys,

Slipped by the terrace, made a sudden leap,
And seeing that it was a soft October night,
Curled once about the house, and fell asleep.

노란 안개가 창유리에 등을 비비고,
노란 연기가 창유리에 주둥이 비비고,
저녁 구석구석 혀로 핥았네,
배수구에 고인 웅덩이 위에 머물렀네,
굴뚝에서 떨어지는 그을음 등에 얹고,
테라스를 스쳐 지나, 갑자기 뛰어올랐네,
부드러운 10월 밤이라는 걸 알아차리자,
집을 한차례 감싸안고는, 잠들었네.

―T. S. 엘리엇, 「J. 앨프리드 프루프록의 연가
The Love Song of J. Alfred Prufrock」에서

의인화는 생기를 불어넣는 즐거운 표현 방식이다. 물론, 문제는 잘 해내는 것이다. 추상개념이나 무생물에 대한 묘사가 그 자체로 타당성을 지녀야 한다. T. S. 엘리엇의 시에서 안개의 모든 움직임이 수평적이고 속도가 끊임없이 변화하는 데 주목하자―이 모두가 실제 안개처럼 느껴진다. 하나하나의 움직임이 명확하고, 사실상 불가능하지만 마치 마법처럼 상상 가능

하다. 그리고 그 상상은 즐겁다. 그저 나무가 손을 흔든다든가 파도가 춤을 춘다고 말하는 것만으로는 부족하다. 어설프거나 바보 같은 의인법을 쓰느니 아예 쓰지 않는 편이 낫다.

인유

인유란 시의 특수한 영역을 넘어서 세계에 속하는 무언가를 끌어다 쓰는 표현법을 말한다. 흔히 역사적이거나 문화적인 맥락에서 가져오지만 반드시 그렇지는 않다. 인유는 시에 등장하는 무언가의 정의를 더욱 심오하게 만들거나 그 특성을 확대시키기 위해 사용한다. 예를 들어 윌리엄 블레이크의 시 「해바라기Ah! Sunflower」나 반 고흐의 해바라기 그림을 참조한다면 들판에 피어 있는 '흔한' 해바라기에 대한 인식이 훨씬 깊고 넓어질 수 있다. 인유를 통해 들판의 흔한 꽃에 문학과 예술의 가치가 연결되는 것이다. 인유로 인해 문학과 예술에 내재된 귀중한 빛이 그 꽃을 비추게 된다.

보편적 이미지

우리는 주변의 물리적 세계를 오감을 통해 경험한다. 그리고 상상력과 지성으로 그것들을 기억하고, 정리하고, 개념화하며,

숙고한다. 우리의 숙고 대상은 결코 형태가 없거나 낯선 감정으로 채워져 있지 않다—우리가 지금까지 만난 모든 구체적이고 세속적인 사물들과 그에 대한 우리의 반응으로 가득 차 있다. 숙고란 무질서를 질서로 전환하는 작업이다. 사물들 사이에서 살기 전에는 생각이란 걸 먼저 할 수 없다. 감각적인 체험이 앞서 풍부하지 않다면 굳이 생각할 필요조차 느끼지 못할 것이다.

우리는 하나의 세계 속에 살며, 누구나 동등히 감각을 부여받았고, 숲과 정글을 벗어나 나란히 진화의 길을 걸어왔다. 그렇기에 보편적인 인식의 저장고를 공유한다. 이 공통의 저장고 안에는 우리가 살아가는 동안 겪는 개인적인 경험과 사건이 담겨 있으며, 그것들은 공동체의 삶, 사회적 삶, 영적인 삶과 연결된다. 그 저장고 안에는 수 세기에 걸쳐 신화화된 무척이나 오래되고, 극적이며, 지속적인 인식들도 있다. 이 인식들은 우리 각자의 마음속에서 신뢰할 만한 특정한 반응들과 불가분의 밀접한 관계를 맺고 있다.

예컨대 원형적 개념으로서 바다는 어머니, 태양은 건강과 희망, 봄의 귀환은 부활, 새는 영혼, 사자는 용기, 장미는 덧없는 아름다움을 상징한다. 이러한 개념들은 한쪽 끝에 있는 자연 세계의 특정 대상이나 행위를 반대편 끝에 있는 우리의 거의 예정된 반응과 연결해준다.

오늘날 많은 시인이 도시나 적어도 교외에 거주하며, 자연계는 일상에서 점점 멀어지고 있다. 사실 대부분의 사람은 도시에 살고 따라서 대다수의 독자가 자연계에 그리 익숙하지도 않다. 그런데도 자연계는 언제나 상징적 이미지의 거대한 창고다. 시는 가장 오래된 예술 가운데 하나이며, 모든 예술이 그러하듯 지구의 원시적인 야생 속에서 시작되었다. 또한 시는 우리가 보고, 느끼고, 듣고, 냄새 맡고, 만지는 지각적 체험들이 어땠는지 언어로 기억해내는 과정을 통해, 그리고 보이지 않는 끝없는 두려움과 욕망을 묘사하려 애쓰는 가운데 탄생했다. 시인은 실제 알려진 사건이나 체험을 통해 내면의 보이지 않는 경험을 밝혀내려 했다. 다시 말해, 시인은 비유적 언어를 사용했고, 자연계의 형상들에 의존했다.

물론 산업적인 세계에서도 이미지를 길어 올릴 수 있다. 예를 들어 윌리엄 블레이크의 "시커먼 사탄의 제분소들dark Satanic Mills"*이라는 표현이 무얼 자연계에서 빌려 왔겠는가? 도시도 얼마든지 시적 묘사와 이미지의 원천이 될 수 있다. 그러나 자연계는 모든 것을 관통하여 흐르는 오래된 강이며, 나는 시인들이 언제까지나 그 강둑에서 낚시질을 하리라고 생각한다.

덧붙여 자연계에 친숙한 독자만이 우리의 문학을 읽을—진정으로 **느끼고** 이해할—수 있다. 자연의 흐름에 대한 지각적

---

* 「아득한 옛날 그 발길이 닿았는가And Did Those Feet in Ancient Time」에서 인용.

체험이 없는 독자는 시의 세계에 발을 들일 수 없다. 그런 독자에게 예이츠의 "거친 짐승rough beast"이 무얼 의미하겠는가? 로버트 번즈의 "붉디붉은 장미red red rose"는? 로미오의 경이감에 찬 외침은?

It is the east, and Juliet is the sun!

저기가 동쪽이야, 그리고 줄리엣은 태양이야!

매일 아침 어둠을 뚫고 솟아오르는 눈부신 빛에 대한 친밀한 경험이 없는 독자에게 이 표현이 과연 어떤 의미로 다가올 수 있을까?

문학은 단순히 단어들의 집합이 아니며, 관념의 집합도 아니다. 삶 전체를 반영하며, 그것에 대해 보고하고 질문하는 하나의 형식적 구성물이다. 그리고 시의 힘은 정신적 탐구와 비유적 언어에서 나온다―그것은 세상의 진흙과 나뭇잎이다. 진흙과 나뭇잎, 그리고 물고기와 장미, 꿀벌이 없다면 시는 중얼거림만큼이나 무미건조할 것이다. 비유적 언어 없이는 문학―이른바 문학이라는 **유기체**―도 존재할 수 없다.

몇 가지 주의할 점

이미지를 사용하는 데에는 정해진 규칙이 없다. 이미지는 확실히 시에 생동감을 주고 깊이를 더한다. 독자에게 기쁨의 원천이 된다. 시를 더욱 의미 있게 만들고, 보다 생생히 체험하게 이끈다. 그것은 강력한 도구다.

이미지를 어느 정도 사용할지는 취향의 문제다. 그러나 시인은 이미지가 얼마나 강한 정서적 흥분을 유발할 수 있는지를 유념하는 편이 좋다. 시가 앞으로 나아가는 과정에서 연신 멈추어 이미지 '충격'을 터뜨린다면 결국 놀이기구나 다름없을 수도 있다. 독자는 요동치고, 웃고—정신없이 휘둘리지만—정작 어디에도 이르지 못한다. 과도한 이미지 사용으로 전기가 다 흘러나가서 시의 본래 의도나 목적지에 도착한 기분은 실종될지 모른다.

이미지가 적절한지 그렇지 못한지에 대해서도 고려해야 한다. 이 역시 취향의 문제이긴 하다. 하지만 시는 진지한 작업이며, 문학은 세상이 소중히 여기는 사상과 감정을 온전히 유지하고자 할 때 사용하는 하나의 장치이다. 문학은 기쁨이 되고 때로는 웃음을 주기도 하지만 결코 가볍거나 유해한 것이 아니다. 이미지가 적절하다는 확신이 없다면 차라리 쓰지 않는 편이 낫다. 부적절하거나 과하거나 방종한 이미지는 오히려 거슬린다.

비유적 언어는 어렵고 고통스러운 것에 형체를 부여할 수 있다. 눈에 보이지 않고 '느낄 수 없는' 것들을 눈앞에 보이게 하고 '느껴지게' 도울 수 있다. 이미지야말로 우리를 자기 존재 바깥으로 끌어내 다른 존재, 다른 삶의 조건 속에 서도록 이끌어주는 가장 강력한 수단이다. 이미지는 시의 주제—그것이 무엇이든—를 입안의 꿀처럼(혹은 재처럼) 친밀한 감각으로 와닿게 해줄 수 있다. 그러니 책임감 있게 사용해야 한다.

고쳐쓰기

 당신이 처음에 쓸 수 있는 글은—쉽게 쓴 것이건 어렵게 쓴 것이건—완성된 시에 가까울 가능성이 희박하다. 만약 그 글을 큰 어려움 없이 쓸 수 있었다면 잘된 일이다. 반대로 많은 산고 끝에 나왔더라도 상관없다. 중요한 건, 지금 당신 앞에 있는 글을 자신의 가장 의식적이고 인내심 있는 평가를 요구하는 미완성 작업물로 간주하는 것이다.
 시를 고쳐 쓰는 과정에서 무엇보다 어려운 일 가운데 하나는 시가 태어난 배경 즉, 자신과 시를 분리하는 것이다. 이러한 거리두기가 없다면 그 시가 독자에게 충분한 정보를 전달할 수 있는지 판단하기가 어렵다. 왜냐하면 그 세부 사항들이 당신의 머릿속에 너무도 생생하게 남아 있기 때문이다. 반대로, 그 소유 의식으로 인해 '진실'이긴 하되 도움이 되지 않는 세부 사항들을 시에 잔뜩 담는 우를 범하는 경우도 종종 볼 수 있다.
 시는 경험에서 출발하지만, 결국 경험 그 자체는 아니다. 꼭 어떤 경험의 정확한 르포르타주일 필요가 없다. 시는 상상력으로 만들어낸 구조물이며, 시의 존재 목적은 시인에 대해서나 시인의 실제 경험을 말하는 데 있지 않다. 시는 시가 되기 위해 존재한다. 존 치버는 일기에 이렇게 썼다. "나는 더 중요한 진실을 말하기 위해 거짓말을 한다." 시 역시 "더 중요한 진실"을 추구한다. 시가 시작될 수 있도록 이끌어준 실제 경험에 대한 충성심은 도움이 되지 않을 수 있으며 오히려 걸림돌이 되는 경우도 비일비재하다.

나는 수백 년 뒤 먼 나라에서 태어날 어느 낯선 이를 위해 시를 쓴다는 말을 즐겨 한다. 이 생각은 특히 시를 고쳐 쓸 때 아주 유용하다. 시에 필요한 모든 것이 반드시 페이지 위에 있어야 한다는 사실을 강력하게 상기시키기 때문이다. 나는 완전한 시를 써야 한다―강을 헤엄치는 시, 산을 오르는 시. 시가 잘 쓰였다면 그것은 더 이상 **나의** 시가 아니라 깊이 숨 쉬고 생동하는 자족적인 시다. 시는 늘 불확실성이 존재하는 땅을 여행하는 나그네처럼 자기 생명을 유지하는 데 필요한 모든 것을 스스로 지니고 있어야 한다. 물론 쓸모없는 짐은 최소한으로 줄여야 하지만 말이다.

주의할 점: 어떤 시들은 흥미롭고 아름다운 행으로 가득 차 있다―비유 위에 또 비유가 있고, 세부 묘사에 또 세부 묘사가 덧붙는다. 이런 시는 이리저리 미끄러지고, 무엇 하나 명확히 말하지 않으면서 그걸 두 번, 세 번 반복한다. 분명히 매우 영리한 시들이다. 그러나 이런 글쓰기는 속도감을 잃는다―시작부터 끝까지의 **에너지**, 흐름, 운동감, 그리고 진실성. 결국 지나친 화려함의 무게가 그 시를 끌어내리고 만다. 화려한 비유

는 주머니에 조금만 지니고 시가 과도한 중단 없이 원만한 흐름을 이어가게 하는 편이 훨씬 현명하다. **잘라 내기**는 고쳐쓰기에서 매우 중요한 부분이다.

사실 고쳐쓰기는 거의 끝이 없다. 그러나 이 작업은 끝없이 매혹적이기도 하며 특히 창작의 초기 몇 년 동안은 매우 많은 것을 배울 수 있는 과정이기도 하다.

내 경우 보통 시 한 편을 사오십 번 정도 수정한 뒤에야 만족감을 느끼기 시작한다. 다른 시인들은 더 오래 걸리기도 한다. 당신에게 어떤 시구가 처음부터 거의 완벽한 형태로, 마치 잠을 자는 동안 꿈을 꾸듯 쉽게 찾아왔는가? 그건 행운이다. 은총이다. 하지만 대개는 그렇지 않다. 대체로 고된 작업, 고된 작업, 고된 작업이 이어진다. 시는 **그렇게** 쓰인다.

세상에 아름답고 좋은 시들이 얼마나 많은지 기억하는 건 유익한 일이다. 글을 쓰고 다시 고치는 과정에서 아름다움이 탄생한다는 사실을 기억하는 건 우리에게 도움이 되기 때문이다.

때로는 쓰던 시를 버리는 게 최선임을 기억하는 것도 유익하다. 어떤 시들은 고칠 수 없다.

창작 교실과 고독

지도, 토론, 조언

창작 교실은 작가에게 여러 가지 중요한 방식으로 도움을 줄 수 있다. 창작 교실에서 얻을 수 있는 도움 몇 가지를 살펴보자.

첫째, 창작 교실은 체계적인 방식을 통해 글쓰기 기술에 꼭 필요한 언어를 익히게 해준다. 이 언어를 모른다면 유익한 토론이 어렵고 더딜 수밖에 없다—창작 교실 구성원들이 시에 관해 쉽고 구체적으로 말할 수 없기 때문이다. 또한 창작 분야에 계속 몸담고자 할 경우 반드시 읽고 이해해야 하는 운율론 관련 책이나 글도 제대로 소화하기 어렵다.

둘째, 창작 교실 구성원들은 이 공통의 언어를 사용함으로써 서로의 시간을 엄청나게 절약해줄 수 있다. 자그마치 몇 년을! 그들이 모인 건 서로의 노력을 지지하고 격려하기 위해서지 나쁜 글쓰기를 부추기기 위해서가 아니다. 모두가 더 나은 글쓰기를 목표로 하는 만큼 그들 각자에겐 토론 대상이 되는 시에서 효과적으로 작동한다고 생각하는 부분과 그렇지 않은 부분을 짚어낼 책임이 있다.

물론 의견 차이는 존재한다. 창작 교실에서 중요한 건 의견 충돌을 해결하는 일이 아니라 각각의 경우를 가능한 한 면밀하고 중립적으로 들여다보는 것이다. 즉, 취향보다는 기술의 관점에서 시(또는 시의 일부)에 대해 토론하면서 **왜** 어떤 것이 잘 작동하거나 작동하지 않는지(그것이 누군가에게 굉장히 아름답게 느껴지든 아니면 완전히 형편없게 느껴지든) 의견을 제시해야 한다.

결국 창작 교실의 주된 주제는 미학이 아니라 구성원 각자의 글쓰기 기술이다.

창작 교실 구성원들은 모두가 이해 가능한 언어를 사용하고 여러 사람의 면밀한 평가를 거치는 과정에서 자신의 전반적인 소질과 구체적인 글쓰기 기술에 대해 많은 것을 배울 수 있다. 매우 근면한 작가가 같은 시간 동안 혼자 작업하면서 스스로 알아낼 수 있는 것보다 훨씬 많은 가르침을 얻을 것이다.

그리고 물론 그러한 자기 작품에 대한 이해는 변화나 향상을 위한 필수 조건이다.

이것이 창작 교실이 제공할 수 있는 완벽하게 유용하고 경이로운 혜택 두 가지다.

이 책의 서두에서 언급했듯이, 나는 새내기 작가들이 시를 써야 하는 무거운 책임감에서 벗어나 모방이나 특정 기법을 의식적으로 신중하게 탐색하면서 그 감각을 익히는 과제의 수행을 통해 성과를 얻을 수 있다고 믿는다. 내가 해온 모든 수업에서 2~3주 정도 이렇게 훈련하면 실제로 큰 도움이 되었다. 물론 이런 글은 서투르고 어색하기 마련이지만 그건 예상된 결과다. 요구에 따른 글쓰기니까. 그러나 훈련 과정에서 졸작을 좀 쓴다고 해될 건 없다. 요점은 학생들이 훈련을 통해 기존의 경직된 글쓰기 습관에서 벗어날 수 있다는 것이다. 그들은 반드시 지금까지 써온 방식대로 써야 하는 것은 아니며 다른 방식들도 있음을—**무수한** 방식이 있다는 걸—배우게 된다.

또한 이미 잘 알려진 시인의 스타일을 모방하는 일도 유익하고 재미있는—꼭 쉽지만은 않은—경험일 수 있다. 예컨대 긴 행을 활용한 '휘트먼 시'나, 빠른 보조步調로 절묘하게 전개되는 '윌리엄스 시'로 소리, 행, 이미지, 어법을 의식적으로 다루어보는 것이다. 창작 교실은 그런 훈련을 통해 여러 선택지의 단초를 제공한다. 창작 교실은 작가에게 길고 고독한 작업 끝에 비로소 얻어지는 전문성을 줄 수는 없다. 하지만 기법에 대한 이해는 선택의 문이 되어 독창성, 권위, 힘을 향한 올바른 길로 이끌어준다.

운, 성실함, 즉흥성, 영감—시를 쓰는 데는 이 모두가 필요하다. 물론이다! 하지만 그래서 기법에 대한 깊고 오랜 학습이 더욱 중요해진다는 것이 나의 생각이다. 왜냐하면 시를 쓰는 데 이 모두가 필요하다면 시인이 활용할 수 있는 모든 기교가 유리하게 작용할 수 있기 때문이다. 시란 태도이며 기도이다. 시는 종이 위에서 노래하고, 그 노래는 종이 밖으로 울려 퍼진다.

시는 재능과 기법을 통해 살아 움직인다.

창작 교실은 사람들의 집단이기에 본질적으로 특정한 사회적 행위의 패턴을 피할 수 없다는 위험이 있다. 사람이 집단 속에서 서로 잘 지내고 싶어 하는 건 자연스럽다. 구성원 각자가 다른 사람에게 좋은 인상을 주고 싶어 한다. 그런데 글은 결국 자아의 거울이므로 사람들은 자신의 시가 항상 떠들썩한 찬양의 대상이 되진 못할지라도 호평을 받기를 바란다. 그리고 자칫하면 이런 마음이 창작에—특히 발표하여 다른 이에게 평가받는 시를 쓸 때—결정적인 영향을 미칠 수 있다.

창작 교실의 학생은 다소 거칠지만 색다른 시, 발상 자체는 보석처럼 반짝거리지만 다른 사람들의 호감을 얻을 수 없거나 너무 어설퍼서 조악한 솜씨가 비판을 끌어낼 수도 있는 작품을 포기하게 될지도 모른다. 참으로 안타까운 일이다! 나는 조심스럽고 길들여진 시보다는 거칠더라도 야심 찬 시를 보고 싶다. 나는 학생들이 시를 보다 쉽게 완성하려고 삭제하거나 순화하는 '해결책'을 찾기보다는, 자신의 문제들을 탐구하고 가능한 한 그것과 함께 살아가기를 바란다. 삭제는 아무것도 가르쳐주지 않는다. 학생들이 칭찬 몇 마디 들으려고 '창작의 불꽃을 덮어두는' 일이 없도록 이끄는 건 가르치는 사람의 책임이다.

창작 교실의 애로 사항은 그뿐만이 아니다. 타인의 호감을 얻고 싶은 마음에(우리는 그걸 친절한 사람이 되고 싶어서라고 생각한다) 비판을 피하는 경우도 가끔 있다. 학생들은 칭찬을 하거나 아니면 침묵한다. 그러나 창작 교실은 침묵으로 운영될 수 없다. 여기서 공통 언어가 큰 도움이 된다. 기술적인 문제나 언어 구조에 중점을 두면 토론이 지나치게 날카롭거나 밋밋하거나 개인적이지 않게 진행될 수 있다. 이유를 밝히지도 않고 어떤 시가 훌륭하거나 실패작이라고 말하는 건 무의미한 일이다. 토론은 반드시 개인적 취향과 의견의 차원을 넘어서야 하며, 그래야만 학생들에게 선택권을 줄 수 있다. 실망이 아닌 열정의 목소리로 가득한 비판 분위기를 조성하는 것, 이 또한 가르치는 사람의 책임이다. 학생들이 공통의 언어를 잘 알고 훌륭한 태도—즉 인내심 있고, 몰입하며, 시를 쓴 사람의 의도를 진심으로 지지하는 자세—를 갖춘다면 모든 목소리가 도움이 될 수 있다.

창작 교실의 가장 좋은 점은 사람들이 자신이 변화할 수 있다는 사실을 배운다는 것이다. 그들은 지금까지 자신이 쓸 수 있으리라 생각한 것보다 더 나은 시를 쓸 수 있고, 다른 방식으로 쓸 수 있음을 깨닫게 된다. 그건 대체로 그들이 간절히 기다려온 좋은 소식이기에 창작 교실이 지닌 위험들을 대수롭지 않게 이겨내도록 한다. 사람들이 스스로 정한 능력의 한계를 뛰어넘는 모습을 지켜보는 건 커다란 기쁨이다.

오직 분투와 뒤엉킨 말들뿐이던 자리에서 마침내 아름답고

멋진 형태를 갖춘 시가 탄생하는 달콤한 순간, 그런 순간에 모두가 함께 참여할 수 있다는 것 또한 창작 교실의 즐거움이다. 모두가 그 기적을 조금씩 나누어 가진다. 그 기적은 단지 운과 영감, 우연으로만 이루어진 것이 아니라 기술적 지식과 성실한 노력이라는, 어쩌면 덜 흥미로울 수도 있지만 필수적인 요소들의 결실이기도 하다. 이런 요소들이야말로 '시'라는 움직이는 빛, 그 형언할 수 없는 존재를 떠받치는 기반이다. '시'라는 강의 바닥이다.

고독

그러나 실제로 시를 쓰는 작업이 사회적 환경에 순응할 수 있다고 생각한다면 부질없는 짓이다. 충직한 친구들로 구성된 창작 교실이라는 더없이 우호적인 환경이라 해도 마찬가지다. 그건 불가능하다. 창작 교실에서 작품의 완성도가 향상되고, 창작 의욕을 고취시키는 귀중한 자양분과 아이디어를 얻는 건 사실이다. 하지만 시는 시인에게 교류나 가르침이 아닌 깊고도 온전한 고독을 요구하며, 거기엔 그럴 만한 이유가 있다.

그 이유는 이렇다. 시는 시인의 마음속에서, 그리고 종이 위에서 형체를 잡아가기 시작할 때 방해를 견딜 수 없다. 견디지 **않는** 게 아니라 견디지 **못하는** 것이다. 시를 쓸 때 시인은 상상력이 허용하는 한 거의 대부분(정말로 거의 대부분) 시에서 펼쳐지는 장면 속 인물이 되거나(키츠가 한 말을 생각해보라) 그 행위를 수행하고 있다. 시인의 그런 생각의 흐름을 방해하는 건 꿈을 꾸고 있는 사람을 깨우는 것과 같다. 일단 깨면 그 꿈을 정확히 그대로 이어서 꿀 수 없는데, 왜냐하면 생각의 흐름은 단지 사유에 그치지 않고 감정의 흐름이기도 한 까닭이다. 방해가 끼어들기 전까지, 그 감정은 시인이 글을 쓰고 있는 책상처럼 실재한다. 시는 하나의 논리적인 지점에서 다음 지점으로 못질하듯 이어 붙이며 나아가는 작업이 아니기에 나중에 복구할 수가 없다. 시는 생각과 감정이라는 씨실과 날실이 시인의 솜씨로 복잡하고 신비롭게 직조되는 과정을 통해 탄생하며, 그 과정은 지극히 **덧없는** 것이다. 방해는 그 전체 구조를 무너뜨릴 수 있다. 시를 쓸 때 방해는 감정의 열정적 흐름을 깨는 어떤 침입보다 심각하다. 콜리지가 「쿠블라 칸」의 꿈에 젖어 있던 중 폴록에서 찾아온 방문객의 노크 소리에 방해를 받았다는 이야기는, 그때 콜리지가 실제 잠들어 꿈을 꾸는 중이었건 아니면 꿈을 꾸듯 작업하는 중이었건 납득 가능하다. 그 결과는 같기 때문이다.

  시 쓰기를 모임이나 창작 교실에서 시작하는 것은 적절하고 유익하다. 그러다 숙련되면 자연스럽게, 필연적으로 그룹에서 벗어나게 된다. 이제 그 시인은 토론이나 비평을 덜 원하게 된다. 자신이 무얼 하고 싶은지 훨씬 명확하게 알기에 어느새 새로운 아이디어보다 적용과 자기 교감이 더 중요해진다. 물론 가끔 친구나 다른 시인과의 교류 속에서 여전히 기쁨과 깨달음을 얻을 수는 있을 것이다. 그러나 마침내 시인은 자신이 진짜 작업을 할 준비가 되었을지도 모른다는 생각을 하게 된다. 그날부터, 시인은 고독이 본질적 조건임을 인식하고 친구들과 창작 교실, 그리고 시 쓰기 안내서를 뒤로한 채 그 고독을 향해 근면하고 결연하게 나아간다.

맺는 말

　글이 나오게 하는 가장 좋은 방법이 무엇인지는 아무도 말해줄 수 없다. 그러나 적어도 한 시인에게는 짧은 낮잠이 도움이 되었다고 한다. 그 시인에겐 잠시 의식을 떠나는 시간이 내면의 '시적' 목소리를 초대하는 일이라는 것이다.* 내게는 걷기가 그 비슷한 작용을 한다. 특정한 곳으로 가기 위해서가 아니라 느리게 걷다 보면 움직임 자체가 시의 탄생에 도움을 주곤 한다. 대개의 경우 나는 걷다가 멈추어 서서 평소에 늘 지니고 다니는 작은 공책에 무언가를 적는다.
　당신에게는 낮잠도 걷기도 해답이 아닐 수 있다. 하지만 당신에게도 해답이 있을 것이다. 중요한 건 그 해답이 무엇인지 알아낼 때까지 다양한 활동이나 방식을 시도해보는 것이다.
　특히 처음 시작하는 단계에서는, 무엇을 쓰는지도 중요하지만 쓰기의 과정 자체에도 주목해야 한다. 성공적인 창작 수업

---

* 도널드 홀, 『염소발 우유혀 쌍둥이새 Goatfoot Milktongue Twinbird』(앤 아버 미시건대학 출판부, 1978), 3~4쪽 참조.

은 누구도 '작가의 슬럼프'를 최우선 과제로 느끼지 않는 수업이다.

윌리엄 블레이크는 이렇게 말했다. "나는 **마땅히 해야 할 말**을 전하는 일에 부끄러움도, 두려움도, 거리낌도 없다. 나는 **하늘에서 온 전령들의** 인도를 받고 있으니까. **밤낮으로.**"*

나는 젊었을 때 가르치는 일은 하지 않겠노라 결심했는데, 그건 가르치는 일을 너무 좋아했기 때문이다. 나는 **진짜** 시인이 되려면—즉 내가 쓸 수 있는 최고의 시들을 쓰려면—시를 쓰기 위한 시간과 에너지를 지켜야 하므로 흥미로운 일을 일상적인 직업으로 삼아선 안 된다고 생각했다. 그래서 필요에 의해 오랫동안 여러 직업에 종사했지만, 그 다짐에 따라 흥미로운 일은 해본 적이 없다.

그 시절에 내가 배운 것 중 시인들에게 특별한 관심을 끌 만한 두 가지가 있다. 첫째, 아침 일찍 일어나면 세상의 일과가 시작되기 전에 글을 쓸 시간이, 심지어 산책까지 하고 나서 글을 쓸 시간이 생긴다. 둘째, 닭 한 마리 먹여 살릴 돈으로도 단순하고 명예롭게 살 수 있다. 그리고 흔쾌히 그렇게 살 수 있다.

나는 늘 알고 있었다—나에게 꼭 맞고 진실로 나를 지극히

---

* 토머스 버츠Thomas Butts에게 1802년 1월 10일 보낸 편지에서 인용.

행복하고 매혹된 상태로 만들어주는 단 하나의 활동에 몰입하여 살지 않는다면, 언젠가는 쓰라리고 치명적인 후회를 안게 되리란 걸.

존 케이지는 〈뉴욕 타임스〉 인터뷰*에서 스승이었던 작곡가 아널드 쇤베르크에 대해 이야기한 적이 있다. "그(쇤베르크)는 학생들에게 별 위로가 되지 않았다. 우리가 대위법 작곡 규칙을 따르면 그는 이렇게 말했다. '좀 자유롭게 써보지 그래?' 하지만 우리가 자유롭게 쓰면 이렇게 말했다. '규칙도 모르는 거야?'"

내가 언제나 책상 가까이에 두고 소중히 간직하는 두 개의 문장이 있다. 첫 문장은 플로베르의 말로, 반 고흐의 편지들 속에서 발견했다. 그 문장은 단순하다. "재능이란 긴 인내이며, 독창성이란 의지력과 치열한 관찰의 산물이다."

그가 말하지 **않은** 것들—글을 쓰고자 하는 충동, 영감, 신비—은 잠시 제쳐두고 말한 것만 보자면: '인내'는 꼭 필요하다. '의지력'도, '치열한 관찰'도 마찬가지다. 얼마나 희망적인 말인가! 이런 것들을 회피할 필요가 있을까? 단연코 없다! 당신은 얼마나 인내심이 강하고, 의지는 얼마나 단단하며, 이 세

---

* 〈뉴욕 타임스〉 1992년 6월 2일 목요일, 섹션 C, 13쪽.

상을 얼마나 치열하게 보고 있는가? 여기에 대한 당신의 솔직한 대답이 초라하다면, 바꾸면 된다. 플로베르는 결국 기술에 대해 말하고 있다. 그것은 연마할 수 있고, **더 잘할 수 있다.** 더 잘해서 성장의 달콤한 맛을 즐길 수 있다. 사람들이 내가 이미 쓴 시들에서 기쁨을 느끼지 않느냐고 물을 때, 나는 놀란다. 나는 늘 어떻게 하면 더 인내심을 키우고, 더 열정적인 의지를 가질 수 있을지, 어떻게 하면 더 잘 보고, 더 잘 쓸 수 있을지 생각한다.

두 번째 문장은 에머슨의 일기에서 발견했다. 본래는 과거형이지만, 동사를 현재형으로 바꾸면 이렇다. "시는 믿음의 고백이다."

말하자면, 시는 단순한 연습이나 '언어유희'가 아니다. 시는 기교와 아름다움을 지녔으되 언어적 장치들을 넘어서는 무언가를 담고 있으며, 그 이상의 목적을 가진다. 그리고 그것은 시인의 감수성과 분리되지 않는다. 반드시 '고백적인' 방식일 필요는 없지만, 시에는 시인의 관점이, 시인의 경험과 사유 전체에서 비롯한 시각이 반영된다.

운동선수들은 몸을 관리한다. 작가 역시 시의 가능성을 담고 있는 감수성을 돌보아야 한다. 책, 다른 분야 예술, 역사, 철학, 그리고 신성함과 즐거움에 자양분이 있다. 손으로 하는 정직한 노동에도 있다(학문적 삶만을 옹호하려는 것이 아니다). 그리고 초록의 세계─사람들, 동물들, 심지어 나무들에도(나무를 진심으로 아낀다면) 있다. 활기차고 탐구하는 마음, 연민과 호기심, 분노, 음악이나 감정이 가득한 마음도 시의 가능성으로 충만하다. 시는 삶을 소중히 여기는 힘이다. 그리고 시는 하나의 비전을, 구식 표현을 쓰자면 **믿음**을 요구한다. 정말 그렇다. 왜냐하면 결국 시는 단어들의 집합이 아니라 추위에 떠는 이들을 위한 불이며, 길 잃은 이들에게 내려진 밧줄이며, 굶주린 자들의 주머니 속 빵처럼 꼭 필요한 것이기 때문이다. 정말 그렇다.

옮긴이의 말

메리 올리버의 시 창작 교실

『시 쓰기 안내서』는 메리 올리버가 책의 형식을 빌려서 마련한, 시공의 경계를 넘어 누구에게나 개방된 시 창작 교실이다. 평생 시 짓기에 전념하면서 무수한 독자의 사랑을 받은 이 시대의 대표적인 시인 메리 올리버는 자연과 시가 주는 일상의 황홀한 기쁨을 담은 산문집(국내에 번역 소개된 『완벽한 날들』『휘파람 부는 사람』『긴 호흡』을 비롯한)을 여러 권 냈지만, 시 쓰기 자체에 초점을 둔 체계적이고 실제적인 지침서는 이 책과 『Rules For The Dance: A Handbook for Writing and Reading Metrical Verse』(1998년에 출간되었으며 주로 운율시를 다룬)뿐이다. 첫 시집을 발표하고 30여 년이 흘러 시 인생의 정점에서 쓴 『시 쓰기 안내서』는, 작가 자신의 오랜 경험에서 우러난 유익한 지식과 심오한 통찰로 창작 활동을 올바른 방향으로 이끌어준다는 점에서 누구보다도 시 쓰는 이들을 위한 책이다. 하지만 창작 교실 강단에 선 메리 올리버는 시 읽는 이들에게도 들어오라고 손짓한다. 시란 무엇이며, 한 편의 시가 어떤 산고를 거쳐 탄생하는지 들어보라고 권유한다. 결국 시에 대해 더 잘 아는 독자가 시 예술이 주는 기쁨을 더 온전하게 누릴 수 있을 테니까.

이 책은 시의 영혼(영감, 날것 그대로의 천재성, 상상력 같은 말들로 규정되는)을 담는 그릇, 즉 시의 몸에 주목한다. 시의 몸을 구성하는 글자들의 소리와 리듬을 분석하고 행과 연에 바탕을 둔 구조에 대해 이야기한다. 영어 알파벳이나 강세, 운율 관련 내용은 우리 독자들에겐 낯설 수도 있으나 설명이 쉬운 데다 로버트 프로스트의 「눈 오는 저녁 숲가에 멈추어」 같은 아름다운 시들을 예로 들고 있어서 가볍게 읽어볼 만하다. 시의 구조와 기술(기교), 이미지에 대한 명쾌한 해설은 시가 얼마나 정교한 설계를 요하는 예술인지 깨닫게 해준다. 메리 올리버는 시 짓기란 고독 속에서 느리게 이루어지는 일이며 "체로 물을 옮기는 것만큼" 지난한 과정이라고 말한다. 50여 년을 한결같이 매사추세츠 프로빈스타운의 아름다운 풍경 속을 걷다가 자연과의 교감이 이루어지는 순간을 솔직하고 꾸밈없는 언어로 그려낸 시인, 영감이 떠오르고 상상력이 날개를 펼칠 때 일필휘지로 시를 써 내려갔을 것만 같은 메리 올리버가 시를 사오십 번은 고치고 또 고쳐야 비로소 만족한다고 토로한다. 시가 강물이라면 기술적 지식과 성실한 노력은 그 강의 바닥이라는 것이다.

메리 올리버는 이 책에서 시 짓기를 로미오와 줄리엣의 사랑에 비유하면서 두 연인의 로맨스가 이루어지려면 만남을 위한 약속과 기다림이 선행되어야 하듯, 시인도 시와 만날 만반의 준비를 갖추고 책상에 앉아 기다려야 한다고 말한다. 지금도 세상에는 무수한 시인이 로미오와 줄리엣의 사랑 같은 열정을 불태우기 위해 홀로 고독하게 책상을 지키고 있을 것이다. 그 시인들이 언제 어디서나 누구든 환영해주는 메리 올리버의 시 창작 교실에서 도움과 용기를 얻기를 바란다. 그리고 시 읽기를 좋아하는 독자들 역시 그 교실을 통해 시를 더 깊이 이해하고 사랑하게 되었으면 좋겠다.

2025년 여름
민승남

작가 연보

1935년 9월	미국 오하이오 메이플하이츠 출생
1955년	오하이오주립대학교 입학
1957년	뉴욕 바서대학교 입학
1962년	런던 모바일극장 입사(어린이들을 위한 유니콘극장에서 연극 집필)
1963년	첫 시집 『No Voyage and Other Poems』(Dent Press) 출간
1970년	셸리 기념상 수상
1972년	시집 『The River Styx, Ohio, and Other Poems』(Harcourt Brace) 출간 미국국립예술기금위원회 펠로십 선정
1973년	앨리스 페이 디 카스타뇰라상 수상
1978년	시집 『The Night Traveler』(Bits Press) 출간
1979년	시집 『Twelve Moons』(Little, Brown) 출간
1980년	구겐하임재단 펠로십 선정
1980년, 1982년	클리블랜드 케이스웨스턴리저브대학교 매더 하우스 방문 교수

1983년	시집 『American Primitive』(Little, Brown) 출간
	미국문예아카데미 예술·문학상 수상
1984년	시집 『American Primitive』로 퓰리처상 수상
1986년	시집 『Dream Work』(Atlantic Monthly Press) 출간
	루이스버그 버크넬대학교 상주 시인
1990년	시집 『House of Light』(Beacon Press) 출간
1991년	시집 『House of Light』로 크리스토퍼상과 L. L. 윈십/펜 뉴잉글랜드상 수상
1991~1995년	스위트브라이어대학교 마거릿 배니스터 상주 작가
1992년	시선집 『기러기 New and Selected Poems I』(Beacon Press) 출간
	시선집 『기러기』로 전미도서상 수상
1994년	시집 『White Pine』(Harcourt Brace) 출간
	산문집 『시 쓰기 안내서 A Poetry Handbook』(Harcourt Brace) 출간
1995년	산문집 『긴 호흡 Blue Pastures』(Harcourt Brace) 출간
1996~2001년	베닝턴대학교 캐서린 오스굿 포스터 기념 교수
1997년	시집 『서쪽 바람 West Wind』(Houghton Mifflin) 출간
1998년	산문집 『Rules for the Dance』(Houghton Mifflin) 출간
	래넌 문학상 수상
1999년	산문집 『휘파람 부는 사람 Winter Hours』(Houghton

	Mifflin) 출간
	뉴잉글랜드 서적상인협회상 수상
2000년	시집 『The Leaf and the Cloud』(Da Capo) 출간
2002년	시집 『What Do We Know』(Da Capo) 출간
2003년	시집 『Owls and Other Fantasies』(Beacon Press) 출간
2004년	산문집 『완벽한 날들Long Life』(Da Capo) 출간
	시집 『Why I Wake Early』(Beacon Press) 출간
	산문집 『Blue Iris』(Beacon Press) 출간
	시선집 『Wild Gees』(Bloodaxe) 출간
2005년	오랜 동반자였던 몰리 멀론 쿡 타계
	시선집 『New and Selected Poems II』(Beacon Press) 출간
2006년	시집 『Thirst』(Beacon Press) 출간
2007년	산문집 『Our World』(Beacon Press) 출간
2008년	산문집 『The Truro Bear and Other Adventures』(Beacon Press) 출간
	시집 『Red Bird』(Beacon Press) 출간
2009년	시집 『세상을 받아들이는 방식Evidence』(Beacon Press) 출간
2010년	시집 『Swan』(Beacon Press) 출간
2012년	시집 『천 개의 아침A Thousand Mornings』(Penguin

	Press) 출간
	굿리즈 선정 베스트 시 부문 수상
2013년	시집 『개를 위한 노래Dog Songs』(Penguin Press) 출간
2014년	시집 『Blue Horses』(Penguin Press) 출간
2015년	시집 『Felicity』(Penguin Press) 출간
2016년	산문집 『Upstream』(Penguin Press) 출간
2017년	시선집 『Devotions』(Penguin Press) 출간
2019년 1월	플로리다 자택에서 림프종으로 타계

메리 올리버를 향한 찬사

　메리 올리버의 시들은 세상의 혼돈을 증류해 인간적인 것과 삶에 가치 있는 것을 추출해낸다. 그는 낭만주의자들과 휘트먼의 메아리가 되어, 홀로 자연 속에서 보고 듣는 것의 가치를 주장한다.

〈라이브러리 저널〉

　· 메리 올리버는 능숙한 솜씨로 "미국 최고의 시인 중 한 사람"이라는 명성을 공고히 할, 숨이 멎을 만큼 경이로운 작품을 빚어냈다.
　· 올리버의 시에는 완전한 설득력이 있다. 봄을 알리는 첫 산들바람의 어루만짐처럼 진실하고 감동적이며 신기하다.
　· 올리버의 작품이 보여주는 놀라운 점 가운데 하나는 그가 그 긴 세월 동안 한결같은 목소리를 내고 있다는 것이다. 갈수록 더 자연에 초점을 맞추고 언어의 정교함이 깊어진 결과, 올리버는 이 시대 최고의 시인으로 우뚝 섰다. 올리버의 시에선 불평이나 우는소리를 찾아볼 수 없다. 그렇다고 삶이 쉬운

것인 양 말하지도 않는다. 올리버의 시들은 기분 전환이 되어주기보다는 우리를 지탱해준다.

〈뉴욕 타임스 북 리뷰〉

그의 시들은 단순하고 솔직하며 수정같이 맑고 투명하다. 자연을 향한 깊은 사랑이 투영되어 있고 정신계와 물질계를 절묘하게 이어준다. 그는 삶 자체에 대한 자연스러운, 심지어 순진무구하다고까지 할 수 있는 열정을 품고 시를 쓴다.

〈가디언〉

메리 올리버는 지혜와 관용의 시인이며 우리가 만들지 않은 세계를 가까이 들여다볼 수 있게 해준다. 우리를 겸허하게 하는 그 관점은 오래도록 남을 그의 선물이다.

〈하버드 리뷰〉

헌신의 능력과 결합된 엄격한 정신, 정확하고 경제적이며 빛나는 문구를 찾으려는 갈망, 목격하고 나누고자 하는 소망.

〈시카고 트리뷴〉

1984년에 퓰리처상 시 부문을 수상한 메리 올리버는 자연 세계에 대한 기쁨이 가득하고, 이해하기 쉽고, 친밀한 관찰로 우리의 선택을 받았다. 그의 시 「기러기」는 너무도 유명해져서 이제 전국의 기숙사 방들을 장식하고 있다. 메리 올리버는 우리에게 '주목한다'는 심오한 행위를, 세상 모든 것의 가치를 알아보게끔 하는 살아 있는 경이를 가르쳐준다.

〈보스턴 글로브〉

· 그의 간결한 시들은 구어적이고 장난스럽지만, 그 곧은 뿌리는 종교, 철학, 문학의 대수층까지 깊이 뻗어 있다. 올리버는 재미있다. 그는 문화적 따분함, 탐욕, 폭력, 환경파괴에 저항하는 이단아이며, 자연을 정독하는 모습은 매혹적이다.
· 올리버는 절묘하리만큼 명료한 산문을 써낸다. 자신을 가장 아낌없이 드러낸 이 산문들에서 그는 자기 시들의 원천인 믿음과 관찰, 영감에 대해 이야기한다. 본질적이고 눈부시다.

〈북 리스트〉

초월주의자로 명성을 떨쳤던 헨리 데이비드 소로처럼 메리 올리버도 헌신과 실험 둘 다에 접한, 이른바 '자연이라는 교과서'에 주목한 자연주의자다. 그의 시들은 집처럼 편안한 언어로 유한한 삶의 신비에 대해 이야기한다. 유념하는 것은 올리버의 전문 분야, 보고 듣는 건 그의 과학적 방법이자 명상 수련인 듯하다.

〈서치〉

올리버의 삶 속의 가볍고 경쾌한 희열이, 문장들과 산문시들 사이에서 안개처럼 소용돌이친다.

〈로스앤젤레스 타임스〉

메리 올리버는 가장 훌륭한 영미 시인들 가운데 하나다. 애벌레의 변태에 대해 묘사하든 새소리와의 신비한 교감에 대해 이야기하든 그는 거의 항상 놀랍도록 인상적이고 공명을 불러일으키는 이미지들을 만들어낸다. 올리버는 뛰어난 감성으로 관찰하고 그 누구도 따를 수 없는 경이로운 솜씨로 그 인상들을 표현한다. (…) 그의 시는 엄격하고, 아름답고, 잘 쓰였으며, 자연계에 대한 진정한 통찰을 제공한다.

〈위클리 스탠더드〉

올리버의 시에 드러난 특별한 능력은 그가 세상에서 발견한 아름다움을 전하고 이를 영원히 잊지 못할 것으로 만든다는 점이다.

〈마이애미 헤럴드〉

메리 올리버는 워즈워스 그룹의 '자연' 시인이며 그 시의 목소리에선 흥분이 귀에 들릴 듯 생생하지만, 그의 자연-신비주의는 오히려 고요의 경지에 도달한 듯하다. 그것은 그의 이미지들 대부분에 영향을 미치는데, 하나의 특성이라기보단 존재 자체로 의미를 갖는다.

〈베이 에어리어 리포터〉

올해 '톱top 5'는 여섯 단어로 축약될 수 있을 것이다. 메리 올리버, 메리 올리버, 메리 올리버. 올리버의 놀라운 위업은 그의 식을 줄 모르는 인기와 독자들의 마음 깊은 곳, 거의 근원에까지 닿는 독보적 능력을 보여준다.

〈크리스천 사이언스 모니터〉

메리 올리버, 우리에게, 너무도 많은 사람에게 삶의 신조로 삼을 말들을 남겨준 당신에게 감사합니다.
"말해보라, 당신의 한 번뿐인 야성적이고 소중한 삶을 어떻게 살 작정인가?"

힐러리 클린턴

"삶이 끝날 때, 나는 말하고 싶다. 평생 나는 경이와 결혼한 신부였노라고." 메리 올리버, 당신의 말들에서 나는 위안과 앎을 얻고 마음을 열 수 있었습니다. 당신의 삶은 이 세상에 하나의 축복이었습니다.

오프라 윈프리

우리들, 꿈꾸고 창조하는 정신을 가진 모든 이를 위해 메리 올리버는 시로써 충만하고 의미 있는 삶의 진실을 너무도 아름답게 그려냈다.

제시카 알바

메리 올리버, 감사합니다. 당신은 시를 통해 제 할머니에게 빛과 기쁨을 선사했고 할머니께선 당신의 작품이라는 선물을 저와 함께 나누셨습니다. 우리는 할머니의 추도식에서 「가장 큰 선물은 무엇인가What is the greatest gift?」를 낭송했습니다. 당신의 사랑하는 존재들을 제 마음과 기도에 품겠습니다.

첼시 클린턴

내가 가장 사랑하는 시인 중 하나인 메리 올리버의 죽음에 잔을 들고 눈물을 흘린다. 그의 말들은 자연과 정신계를 이어주는 다리였다. 메리에게 신의 은총을!

마돈나

"당신의 몸이라는 연약한 동물이 사랑하는 것을 사랑하게 하라." 감사합니다, 메리 올리버.

록산 게이

우리가 말로 표현하기 가장 어려운 부분들을 시에 담아주고 우리의 영혼이 우리가 될 수 있는 것에 대한 희망을 안고 노래하도록 만들어준 메리 올리버, 고이 잠드시기를.

귀네스 팰트로

메리 올리버는 절묘한 시들에서, 그리고 영혼을 넓혀주는 시 자체에 대한 관념들에서, 무릇 인간이라면 감동받을 수밖에 없는 우아한 방식으로 살아 있음의 미묘함과 신비를 담아낸다. 퓰리처상과 전미도서상 수상자인 메리 올리버의 시적 탁월성은 그를 이 시대의 휘트먼으로 만들어주고, 자연 속에서 이루어낸 초월적인 것과의 숭고한 합일은 그를 소로와 나란히 서게 한다.

마리아 포포바

메리 올리버의 시는 훌륭하고 심오하다. 축복처럼 읽힌다. 자연계에 존재하는 우리의 근원과 그 아름다움, 공포, 신비, 위안과 우리를 연결해주는 것이 올리버의 특별한 재능이다.

스탠리 쿠니츠

나는 올리버가 타협을 모르는 맹렬한 서정시인이라고, 늪지의 충신이라고 생각한다. 여기 우리가 간절히 원하는 목소리가 있다.

맥신 쿠민

메리 올리버의 시는 지각과 느낌의 비옥한 땅에서 자라는 자연물로, 본능적인 언어의 기교 덕분에 우리에게 쉽게 다가온다. 그의 시를 읽는 건 감각적 기쁨이다.

메이 스웬슨